公关生涯

从小白到国际公关人

刘小卫◎著

STORIES OF
A STORYTELLER
SMALL GUARD,
BIG HEART

中国人民大学出版社
·北京·

推荐序

最好的出"壳"

本书描述了一位勇敢而有才华的从本土走向国际的中国女性的职业旅程，我有幸和出色的她一起工作过。

小卫1995年加入壳牌（中国），是第一位本土的公共事务专员，从此走上了一条充满"第一"的道路。她是第一位在壳牌伦敦和海牙总部担任公关和国际关系职位的中国人，第一位担任壳牌大中华区公共事务董事的中国人，壳牌全球一体化天然气业务第一位公关领导人，第一位领导壳牌亚太公关团队和全球业务公关团队的亚洲女性。她在壳牌多个重大项目中发挥了巨大作用，包括南海石化项目、浮式液化天然气装置"序曲"宣传、壳牌－国务院发展研究中心能源研究（第一期）等。

2013—2015年我和小卫在新加坡度过了难忘的3年，那时我们都刚刚加入新成立的壳牌全球一体化天然气业务，总部设在新加坡。我们想描绘这一新成立业务的目标、叙事、相关性和灵魂，以便让新业务中的数千名员工有归属感，感到自豪。从这一想法出发，我们取得了不少成就。小卫给我提供了不少有关亚洲的智慧和洞见，而我之前从未在亚洲工作和生活过。

在小卫的领导下，公司的亚洲公关团队在品牌和声誉管理绩效方面连续多年取得了众多第一，增强了亚洲多个市场对公司的偏好度和信任度。亮点多多，如亚洲是唯一一个一年举办三场"壳"动未来品牌推广活动的大区，多个社会投资旗舰项目的完美实施提高了成千上万人的生活水平，有创意的对外沟通工作让壳牌成为能源转型方面的领先者。亚洲在新冠肺炎疫情中首当其冲，小卫带领亚太公关团队做出了最初的危机管理应对。

正如小卫的名字，她是为公司在亚洲的业务发展和品牌建设做出了重大贡献的"小卫兵"——好可爱的巧合！

小卫离开壳牌前，同事们对她的三词描述

的确，让我印象最深的是她的勇气。她可以面对任何人，做成她相信和想做成的任何事。我们尝试了不少有关内外沟通的创新做法，因为她总是愿意一试。无论谁挑战或质疑我们的做法是否符合全球的常规，她都会尽力说服他们，她就像一只老虎。我还记得我们一些不错的做法，比如发表署名文章、进行全球直播和发表电视讲话。

她做得很成功，而且始终保持知行合一。她是我遇到过的最有决心、最可靠的同事之一。虽然她已离开壳牌，但她的影响依然存在——她领导的团队、招聘的人才，以及通过各种手段培养的公关人才依然在全球和各区发挥重要作用。

我相信小卫会继续"搭桥"——连接东西方，从传统能源到新能源，聚合不同背景的人。当前比以往任何时候都更需要像小卫这样的人，他们能让世界变得更好。认识她是我的荣幸。

我知道小卫在决定离开壳牌时描述了"壳"时光以结束在壳牌的生涯。所以，读过她的"壳"时光文章的人都认为将它分享给更多的年轻一代公关人是有价值的。我很高兴她采纳了这些建议，把自己的记录变成了本书，我相信很多人可以从她职业和领导力发展的历程中获益匪浅。好好享受本书吧。

魏思乐（Maarten Wetselaar）
CEPSA 首席执行官（西班牙）
壳牌集团一体化天然气和新能源业务前总裁

自　序

一个简单的初衷

初　心

2020年，除了新冠肺炎疫情肆虐，还发生了很多事情。

对我而言，当时除了带领公司的亚太公关团队应对疫情，我所在的壳牌集团在应对气候挑战和新冠肺炎疫情的双重挑战的同时，还启动了40多年来的一场大改组，名为"重塑"（reshape）。在壳牌集团工作了20多年，各种机构调整我见得多了，不同的是，这次我很清楚自己想要什么。高层职位粥少僧多，我只希望能做新架构下公关部门和政府关系部门合并后的亚太一把手，这不但能发挥我多年来领导公司亚太公关团队的经验，而且会带来足够的新挑战。我没能如愿，集团相关领导希望我接任其他工作，但我感觉我需要"重塑"自己。我又走到了人生的一个十字路口。

选择离开服务了多年的公司，绝非一个简单的决定，特别是从情感的角度讲——我在壳牌集团工作了26.5年，在不同国家担任过12个不同的职位。对我来说，这不仅仅是一份工作，更是我半生的时光。我人生的许多重大事件都是在这家国际公司工作期间发生的，个人的职业和领导经历自然是很重要的组成部分，即便是个人生活，如成为母亲、在海外生活等也是这段生涯的重要组成部分。对我而言，即便有机会活到100岁，26.5年也占了四分之一多。

因此，在做出离开壳牌集团决定后的最后100天，回顾这20多年，我觉得自己很幸运：借着中国改革开放的东风和亚洲的崛起，和公司一起成长，有机会看世界，经历灿烂的多元文化，领导不同国家和地区的团队，远远超出了我于1995年加入壳牌集团时的想象。

想到这些，当时有个冲动：在再次启程之前，要为这些时光"找个地儿"并将其存放起来。奇怪的是，开始下笔记录这些故事的时候，很多事和人就像电影一样在我脑海里回放。我意识到，这些是我职业和领导力发展的关键时刻。我把它们称为"壳"时光。

同事们知道后，要求我离开前做分享，于是，我把这些"壳"时光总结成四大主题——和利益相关方沟通，构建业务伙伴关系，合作倡导和意见领袖，人才发展和领导力，做了四场线上分享，每场1小时。领导公司的亚太公关团队近10年，离开之前的分享也是我留给团队的礼物和纪念。但团队给了我更大的惊喜，他们组成了一个项目组，把26篇"壳"时光文章和全球各地同事们的赠别语"订"成了一本书《小卫小说》，作为送给我的离别礼物之一。

2021年7月31日是我在壳牌集团工作的最后一天，我以第一篇"壳"时光文章的英文版在领英上宣布了我离开壳牌集团的消息。

我没料到第一篇"壳"时光文章的英文版在领英上反响那么大，中国的同行和朋友建议我把中文版也发出来。这样，宣布我离开壳牌集团的目的就达到了。同时，我收获了很多意外的惊喜：久未联系的朋友、同事看到"壳"时光文章都纷纷回复和联络；还有多位熟知和未曾谋面的朋友希望我出书，这令我感动。

中国的同行和朋友看过"壳"时光文章后，建议我将其出版，还为我推荐了出版机构。在和中国人民大学出版社的曹沁颖女士沟通后，2021年初，我决定尝试把记录的"壳"时光重新编辑，以分享给更多的人，尤其是年轻同行，或有志于从事公关行业的学子。

把写给自己和可以在内部自由分享的内容转化成可分享给更多外部读者的作品，不是一件随意的事。和曹沁颖女士商讨后，我决定沿着两条线进行描述：一是我职业发展的时间线，二是公关职业不同主题故事的呈现。我试图通过分享不同时期的故事，让读者了解公关工作的方方面面和主要职能。

关于公关

公关（public relations，PR）作为一种职业起源于20世纪初。当然历史上不乏更早的公共影响和沟通管理形式。但大家公认的现代公关的鼻祖是美国的艾维·李（Ivy Lee）、爱德华·伯尼斯（Edward Bernays）和英国的巴兹尔·克拉克（Basil Clarke），他们在20世纪20年代把公关带入商界。而阿瑟·W.佩奇（Arthur W. Page）则被认为是现代"企业公关"的先辈。1927—1947年，佩奇担任美国电话电报公司（AT&T）的公关副总裁。这些前辈为现代公关奠定了基础，他们的一些指导思想，在我看来，至今依然适用。

艾维·李提出"准确、真诚和利益"（accuracy, authenticity, and interest）原则，并进一步阐明公关人应该承担超出客户期待的公共责任。

伯尼斯则提出公关的三个主要因素（知会大众、说服大众、联合大众）和社会的历史一样古老。

克拉克于1929年提出了公关行业的行为操守，他认为公关"必须真实、完整和公正，否则，失其诚信"。

而作为"现代企业公关之父"的佩奇则把公关提到关乎公司生死存亡的战略高度，并给出了与各利益相关方沟通的导则。他的洞见和实践被后来成立的"佩奇协会"总结成七条佩奇公关原则。

公关成功的关键是持之以恒、有理有节地关注信息和利益相关方。一旦危机发生，切记，冷静的头脑是实现最佳沟通的前提。

虽然时代不同，技术尤其是信息技术的突变，让人们处在信息爆炸的时代，几乎消除了时空差异，但是我认为现代公关鼻祖们的训导在经历了一个世纪的洗礼后，仍然适用于今天，所以我简单地阐述了一些"古训"。

企业公关职能的侧重点随着时代的变化而不断变化，这也反映在名称的变化上，有公共关系（public relations）、公共事务（public affairs）、对外事务（external affairs）、企业沟通（corporate communications）、企业事务（corporate affairs）。名称的变化反映了侧重点有所不同，但企业公关原则变化不大，如现代公关鼻祖们所述，公关是通过真实、真诚的沟通，达到知会、影响和融合大众/受众的目的，从而建立、维护和强化企业的声誉和品牌——这些"为何做"是"道"的层面；"如何做"是"术"的层面，呈现出多元化和与时俱进的特点。

在我的职业生涯中，部门的发展经历了几乎上述所有的名称，本书主要采用公关（PR）这一名称。我个人认为公关首先是一种战略性的职能和职业，要求有大局意识、长远眼光，以及合纵连横的能力和敢于直言质疑的勇气；同时也是一种讲究战术和实施能力的职能和职业，"外事无小事"和"细节决定成败"是对"术"的层面的最好诠释。综合而言，我常常向年轻同行们这样描述企业公关："上得厅堂，下得厨房"。

本书是什么，又不是什么

本书记录了我20多年跨国公司公关生涯的经历和故事，以此为基础，叙述了企业公关的工作内容和公关人所需的主要技能；我通过分享自己的职业成长和领导力发展，希望能给公关同行们，尤其是年轻一代和有志于发展国际事业的同行们，提供一些借鉴。但这不是公关手册或指南，我也没有从这个角度着手。在分享长达20多年、跨越不同国度的企业公关经验时，我试图把自己在不同时期、不同公关领域的经历以故事或案例的形式，同外部相关的理论或实践相结合，让读者能从中领悟企业公关的职能和作用。学习和感悟是非常个性化的经历，对于同样的故事和案例，不同的人会有不同的感受和领悟。如果我的分享能让读者从中获得一些有关企业公关的领悟，那我的目的便达到了。

【声明】书中所说事件皆为真实发生的，只是以我的角度，从我当时担任的角色和自身感受出发来描述。书中涉及的事件描述皆为公开资料，不涉及保密信息；涉及的人真实存在，为保护隐私，以人名的缩写指代，只有得到当事人的同意，才以全名出现。

书中所用照片、图片，除特别注明，均来自我本人的收藏。

目 录

第一篇 初入职场：从国企到外企 / 1
    第一章　第一位公共事务专员　 / 2
    第二章　践行可持续发展理念　 / 20
    第三章　危机管理　 / 40

第二篇 成长：国际视野的形成 / 53
    第四章　国际沟通与对外关系　 / 54
    第五章　全球发布："愿景"之缘　 / 75
    第六章　在总部的工作：商业原则和操守　 / 84

第三篇 大中华区的领头羊：声誉卫士 / 97
    第七章　业务部门的好伙伴　 / 98
    第八章　并购沟通　 / 114
    第九章　战略叙事和品牌推广　 / 126

第四篇 亚太和全球的公关领导：又一个第一 / 137
    第十章　与意见领袖的合作　 / 138

第十一章 与员工的内部沟通 / 154

第十二章 十年磨一剑 / 167

第十三章 会展和活动：品牌的舞台 / 181

第五篇 打造最佳公关团队：领导和领导力 / 193

第十四章 找对人 / 194

第十五章 当好教练，终身学习 / 207

第十六章 勇敢面对变化 / 220

第十七章 拥抱多元化和包容性 / 236

第六篇 为下一场危机做好准备 / 249

第十八章 新冠肺炎疫情：一场人类的危机 / 250

参考资料 / 273

后　记 / 282

致　谢 / 284

第一篇

初入职场：从国企到外企

第一章
第一位公共事务专员

长大的故事

20世纪60年代末，我出生在新疆塔城，一个西北边陲城市。那时父亲是边防军人，母亲是支边青年，在当地的发电厂当会计。据说父母这样的婚姻是60年代中国婚姻的典型模式之一，尤其是在新疆这样的少数民族地区。我在新疆长到11岁，之后父亲从部队转业，我也就回到了父亲的故乡江西铜鼓——一个美丽的南方小山城，开始了人生第一次适应变化——不同的气候、不同的语言，当地人都讲客家方言，我似乎是到了异国他乡。甚至学校用的教材也不同！记得当时语文课我还能跟得上，甚至我的新疆普通话在南方的孩子们听起来还挺正宗。但数学就差得远了，在新疆是尖子生的我居然需要老师补课！70年代末，内陆省份的多数小学就已经有英语课了，所以我得从ABC开始补课。好在中学的英语教材仍然从ABC开始，这让我有机会从头好好学，但那时没想到大学会去外语院校。

在新疆的童年生活充满了快乐的记忆，正如那首《我们新疆好地方》所唱的，春天结冰的河流融化，万物复苏，生机勃勃；夏天白昼很长，瓜果飘香，记得最清楚的是抱着西瓜用勺挖着吃，后来到了南方才看到西瓜切成块儿，少了小时候的豪气和爽快；秋天开学季，爸爸给我们包书皮，金秋十月，新疆天气昼夜温差大，晚上很冷，真的是"围着火炉吃西瓜"；冬天，屋内的火墙烧得暖暖的，对着窗户上的冰霜慢慢地哈气，能吹出各种各样的窗花。

多民族聚集的边疆还带给我许多其他美好的童年记忆。母亲工作的发电厂有不少的少数民族同事，他们也是妈妈的朋友，因此我可以在各种少数民族节日去串门，品尝各式美食。记得最清楚的是一位姓班的回族阿姨，她的大家庭有十多个孩子，我和他们过古尔邦节和肉孜节时十分热闹，他们非常好客，吃完还让我带回好多美食。放暑假的时候，妈妈的一位维吾尔族朋友——沙买提爷爷会请我和妹妹去他家小住几天，他家的后院种满了果树，下午我们就躺在果树下，吃爷爷从树上摘下的苹果，爷爷用他那维吾尔语味的汉语和我们说笑。我上的是汉族学校，一、二年级时，常有比我们大好多的少数民族孩子来班里插班，通常是男孩，据说他们在汉族学校和自己的学校间来回插班，等小学毕业就可以当翻译了。关于这一点我没有查证过，但记忆最深的多语种追悼会是1976年毛主席去世时举办的，当时我正好上小学三年级，小学三年级是允许参加追悼会的最小年级。九月的新疆中午太阳很毒，我目睹好多大人因站久了而昏倒，大概是因为每项活动都是每个语种讲一遍，追悼会从早上一直开到傍晚，好在我们小孩是可以坐小板凳的。

在部队大院长大的好处就是能听懂天南地北的方言，尤其是北方方言——河南话、山东话、山西话和陕西话等。多年以后，我因为工作去山西出差，竟为同事们当起了翻译——把山西话翻译成普通话，这全是在部队大院时耳濡目染学来的。

关于学校的记忆也满是快乐。自己挎着书包，脖子上挂着家里的钥匙，溜溜达达地和同学上下学，无须接送。学校里有各种活动，我是宣传队和广播站的成员，负责各种节日的演出播报，平时课间负责放广播操，也播报各种通知。我很喜欢跳舞和播音，小小年纪的我觉得这两个课外角色让我得以用另一种方式表达自己，和他人联系沟通。一个小插曲就是，8岁那年，部队文工团招小演员，我被挑上了，但父亲不让去，说当演员是"吃青春饭"的，我不大懂，哭了鼻子，然后就又高高兴兴地回学校上学了。

随着父亲转业，我们全家从新疆搬到了江西。对11岁的我来说，这是人生中的第一个大变化，有那么多的不一样，就连简单的作息时间也不同。中国地域辽阔，横跨了五个时区，但都统一用北京时间。新疆比江西晚两个小时，所以，我所熟悉的作息时间是上午10点上课，下午6点放学，晚上8点到9点吃饭。我刚到南方的第一个家长会就因为这个搞砸了。那时的家长会通知是用刻板印刷的，油墨常常不清楚，我把6点看成了8点，根据在新疆上学的经验，我觉得这很正常啊。那天父亲加班回来快晚上8点了，我让他去开家长会。爸爸说"应该是6点吧"，还解释了北京时间的概念。我当时很害怕，刚到新学校的第一次家长会就被我搞砸了。爸爸说他会和老师解释一下。我也从此记住了时间的不同，后来中学学世界地理，我对时区概念的学习和掌握特别快、特别准确，就是得益于那次"家长会事件",正可谓"吃一堑,长一智"。

记忆中在江西上中学早晚自习和假期补课几乎是标配,那是中国高考恢复后的头十年,高考入学竞争激烈,尤其是大学少的省份,升学分数要求更高。高三时,我本可以保送省内大学,而我却选择了放弃,因为我想去北京学外语。我高中时的成绩一直都名列前茅,但高考预考的成绩排名却是我高中史上最低的第七名,而我又放弃了保送,面对一锤定音的高考,家长和老师还是有点儿担心。我却没有太在意,一心只想去北京学外语。最后,我以13个县市高考外语类第一名的成绩,如愿以偿地进入北京外国语学院(后改为北京外国语大学,简称"北外")英语系。

我在北外学的是英美文学和国际新闻双专业。大学时期,我的梦想是成为无冕之王——记者。毕业的1989年春天,我在《中国日报》实习。作为实习记者,我有机会参与很多采访活动,包括跟最有经验的记者一起采访当年的两会。我一个月左右就收到了《中国日报》的留用通知,这意味着我毕业之后可以留在那里工作,当时我异常兴奋,因为这说明自己的工作得到了认可。

不巧,后来由于种种原因,我和当时的男朋友(后来成为我的先生)双双加入了原化工部下属的工程公司,和当年的许多同学一样,走上进公司做实业的道路。

幸运的是,我们正好赶上中国改革开放大量引进国外技术建设石化工业的一个高潮。我们所在的公司当时有大量的总承包(EPC)项目,这给了我们一个很好的窗口去接触国外的大型技术公司和工程公司。因为外语方面的优势,我很快就在公司的国际事业部独当一面,成了多个重大引进项目谈判的主力翻译,也被各项目负责人委以重任，比如负责分包合同的谈判等。出色的工作被上级部门注意到后，我常被原化工部调去做大型技术交流项目的翻译，就有很多外国公司抛出橄榄枝邀请我加入它们。

1992年，壳牌集团当时作为一个化工专利技术转让者，给天津的乙烯项目提供技术，我就是在这个过程中接触到它。壳牌集团当时在筹备后来称为南海石化的项目，其工作人员也问过我能不能参与该项目。我们当时上大学是国家提供的免费教育，其中一个不成文的规定就是，毕业之后应该给国家至少服务五年，而我当时还没有工作满五年，所以没去成。

一年多以后，在1993年的一个大型国际技术交流会上，我担任主力翻译，在那晚的招待会上，我给当时做东的原化工部副部长当翻译。当时壳牌（北京）的首席代表PS也坐首桌，而负责南海石化项目的壳牌集团TC碰巧也在晚宴上，他跟PS说一年多以前给过我一个工作机会，不过我没能去，不知道现在行不行。

几个月后，我收到壳牌（北京）的电话，说是有个Public Affairs Officer的职位，希望我能去面试。说实话，我还真不懂Public Affairs（PA）是什么，我的理解就是公关，因为那时正好国内一部叫《公关小姐》的电视剧正在上演，讲的是酒店里公关小姐的故事。当时我对公关的印象就是吃喝陪酒，然后遇到事情（麻烦）的时候想办法摆平。

因为大多数人对公关的这种看法和理解，我有点儿忐忑不安，但还是尝试了。几经面试，我拿到了去壳牌集团工作的机会。那时还有另外两家公司也提供了工作机会，一家是德国的技术公司，另一家是香港的贸易公司。按当时提供的工资来讲，香港公司给的最高，其次是德国公司，而壳牌集团给的最低。我就此咨询了一些工程师和懂技术的朋友，他们当然对壳牌集团在化工领域和能源领域的发展知晓比较多，就建议我去大公司，因为大公司更规范、更有规模。在这之前，我因所负责的国际项目在1992年到壳牌位于海牙的总部访问过，对壳牌的印象也还是不错的。所以，我就决定去壳牌工作，尽管在当时三个工作机会中，这家公司给的工资最低。虽然我有几年的工作经验，但壳牌是把我当成大学毕业生招进去的。就这样，我放弃了国企的"铁饭碗"，加入了壳牌。

首先，我父亲作为一名"老布尔什维克"不大赞同我的决定。因为我在国企做得非常好，提前晋升到中级职称，也被提到副处级，还提前分到了房子。他认为公司对我很重视，机会也多。自1991年起，我跟着各个引进项目，在三四年内，去了美国、加拿大、日本、意大利、西班牙、荷兰、波兰等近10个国家访问。其次是我父亲对外企的印象不好。他觉得外企不会提供长期的工作，我这样做是放弃一个提供"铁饭碗"的国企去了一个可能随时被炒鱿鱼的外企。从父亲的角度，他的这种担心是合情合理的。所以，加入壳牌之后，我会经常给父亲寄公司的内部刊物《壳牌天地》，身为刊物编辑之一的我希望通过这些沟通，让他跟着我一起了解公司，包括公司的动态、发展和文化。

回想加入壳牌的过程，加之现在经常有人问我该如何选择职业和公司，我的体会是选择有成长潜力的公司。而成长可从两方面讲：一是公司的成长；二是公司提供给员工的成长机会和空间。在当时的三个工作机会中，壳牌提供的工资是最低的，但是我的朋友们认为这个公司有技术底蕴、有历史，口碑也不错。当时互联网还未普及，不像现在查询信息那么方便，所以在懵懵懂懂之中，我可能侥幸做了一个正确的选择。回想起来，后来能在壳牌工作26年多，除了成长的机会，还有公司的价值取向和个人的价值取向类似，公司推崇诚实、正直、尊重他人，同时也有比较人性化的文化氛围。

在加入壳牌的初期，为了让父亲放心，我积极和他沟通，写信或打电话的时候，多讲我的工作和公司的情况，包括寄给他公司的刊物。如果用公关的行话讲，当时我做的就是"利益相关方管理"（stakeholder engagement）。这在我们的职业中很重要。一两年后，父亲不再跟我提"铁饭碗"的事。

还有一个小故事，就是我加入壳牌的1995年夏天，我到新加坡参加公司内部一个区域性公共事务培训。那时我才在公司工作三个多月，可参加这个培训的各个东南亚国家的公共事务负责人，基本上都是在壳牌干了二三十年的，所以这也是说服父亲的一个好的例子。我记得跟父亲分享过这个经历，还告诉他"在这里工作，不仅仅是吃'青春饭'"。虽然是这样告诉父亲的，但我当时真没想到我会在壳牌工作26年多，成为我当初碰到的老壳牌人中的一分子。

第一位公共事务专员

1995年2月，我作为壳牌（中国）的第一位公共事务专员入职了。那时，壳牌（中国）还没有公共事务这样的一个部门设置。

当时壳牌大中华区的总部在香港，我的直线老板JW和团队也都在香港。对于我的入职培训，JW做了悉心的安排，让我详细了解何为公共事务。所以，我入职第一天就被直接派到了壳牌（新加坡），以便我了解在一个成熟市场壳牌是怎么开展公共事务工作的。

我在新加坡的一周，同事让我了解他们怎么跟媒体打交道，如何做媒体监测，怎么做社会投资项目，等等。当时体验了两个做了多年的社会投资项目，一个是赞助青年艺术家的项目，另一个是道路安全项目。我去参观了在东海岸的道路安全公园，这个项目已经开展了几十年，旨在让小学生通过角色扮演了解交通安全。没想到的是，21年后，2016年我在新加坡任亚太区公关负责人的时候，恰逢壳牌（新加坡）成立125周年的庆典。那晚李显龙总理出席了庆典，他在讲话中还提到他还是小学生时参加过这个道路安全培训活动，这是他对壳牌认知的开始。同样没想到的是，2020年初，我还接受了新加坡FM139的采访，重点讲述我们的社会责任，历数在新加坡和亚太其他地方的各个旗舰项目，包括道路安全项目。我谈到20多年前在新加坡上的公关第一课中就有幸接触到这样一个做了近半个世纪的项目。

回到1995年的入职第一周。我在那一个星期收获了很多感性认识，感觉公关不完全是电视剧《公关小姐》所呈现的吃饭喝酒、摆平一些事情，虽然有危机公关或议题管理的角度和元素（这个后面再细说）。入职第一周的见闻让我认识到，进行品牌或声誉管理，其实除了要做好业务外，还要承担一些社会责任，和利益相关方建立长久的信任关系。在那个年代，人们可能会把社会投资视作一种公关手段，渐渐地，在日后的工作和实践中，我学到了公共关系更多的是关注"做正确的事情和正确地做事"。然后再加上沟通的角度这一点，而这样的品牌和声誉管理框架在多年之后的2019年，演绎成壳牌的声誉管理模式——PBC（performance, behaviour and communications），即做到、做好、说好。关于这点在之后的篇章我会细说。

在新加坡待了一个星期之后，我直接乘飞机到香港继续我的入职培训，就是在香港跟着部门同事一起工作两三个月。这两三个月真的是奠定了我在公关职业道路上的基础。我的老板JW给我安排了六场专门的一对一培训，请的是一位外面的公关专家，叫CS。CS跟我详细讲解了有关媒体关系、议题管理、对内沟通、危机管理等主要的公关职责和技巧，每次两个小时。这样的正确引导奠定了我坚实的理论基础。JW和CS是我在公关职业道路上的入门师父，直到今天我们还保持着联络。在学习的同时，我也和香港的同事一起在工作中实践。当时我们正在做一个大型项目，纪念壳牌在华成立100周年，即将到来的新世纪意味着壳牌将在中国开启第二个百年。项目聘请了一个英国摄影师来拍中国的风景名胜，然后配上一些中国古典诗词，做成一本大型相册。我上任的时候，项目已经到了收尾阶段，老板认为我的中英文都挺好，就让我帮着校对和润色，那是我当时工作很重要的一部分。我确实花了很大的功夫校对和润色那本相册，初稿翻译是在香港完成的，中文简体版必须符合内地的语法习惯，并兼顾反映外国公司看中国的角度。

第一章 第一位公共事务专员

我的第一次大型公关活动：北京的迈向新世纪路演

相册出版时我已经回到了北京，所以上任之后的第一个项目就是进行关于这本大型相册的路演，我们在北京、上海和广州做了三场大型路演，以纪念壳牌在华成立100周年以及开启新纪元。作为重返中国市场的国际公司，壳牌的名字只在老人们的记忆中，停留在二三十年代的煤油灯时代。这样的一个路演，也旨在让大家了解壳牌，可以说是当年的年度公关活动吧。我们邀请当地政府、媒体，还有生意伙伴，到这样一个庆典活动上，庆典的开幕典礼和相册展一并进行。在北京，我们请到了时任全国人大常委会副委员长的李沛瑶作为嘉宾。我和我的老板JW一起做开幕主持人，就这样开启了我在壳牌职业生涯的第一场大型公关活动。

那年晚些时候，我们还利用这个相册展在日坛公园举办了一场员工晚会，让员工们感受"新纪元"的到来。我还建议给每位员工制作一枚带壳牌标志的个人图章，以增强员工的自豪感和归属感。图章很有中国风。好在那时我们只有百人左右，不然，这工程可就太大了。不久前，一位已经在海外生活

我的"迈向新世纪"图章

11

的同事还发微信给我,展示了她保存良好的图章。

媒体关系

在这期间我开始着手积极建立我们跟媒体的关系。当时壳牌大中华区的总部还设在香港,所以每次我的老板或业务大老板们来中国访问,我都会安排一场媒体见面会,不求有报道,而是通过这些非正式的早餐会、午餐会,让媒体了解壳牌——知道我们是谁,以及能源行业的动态如何。媒体也是我们了解中国市场的渠道。那时,我们刚刚开启在中国的润滑油销售业务,从1995年夏天发第一份润滑油经销商开业的新闻稿开始,我们几乎每周都有新的经销商开业新闻稿要发。那年的初冬,我还筹备并主持了第一个润滑油调配厂(天津)的奠基典礼,这些快速发展的机会也给建立媒体关系提供了种种契机。很快,我们就跟中国的一线媒体和行业媒体建立了良好的关系。

除了发稿和举办活动,我还寻求媒体合作。当时和《北京汽车报》的吴佩义老师,还有《北京汽车》杂志的主编李宏图老师联系比较多,他们都是既很敬业又有很好理念的行业大咖(用今天的话)。当时,中国的汽车行业刚刚起步,他们需要和汽车相关的好内容。于是,我们就开始了合作,在《北京汽车报》和《北京汽车》杂志上开设了相应的专栏,所用的内容包括润滑油ABC、我们在欧洲面向驾车者发行多年的有关安全驾驶和汽车维护的专题小册子上的知识。栏目还给品牌冠名,因此我们得为冠名付费。我和润滑油市场部商量,这一费用由该部门出。这样,我们以很少的费用，既宣传了业务，也让壳牌这个品牌在汽车爱好者中留下印象，内容又是车媒、车主和车迷急需的，一举多得。

以今天的角度来看，这应该叫"内容营销"。但当时我的出发点很纯粹，因为壳牌业务和品牌刚刚重返中国，品牌的知名度不高，我觉得除了业务部门的硬性广告外，提供这样的有关汽车养护、维修和安

《北京汽车报》专栏

全驾驶的内容是一种对客户的关爱（care for customer）。我们应该是国际能源公司中第一个这样做的，效果很不错。通过这样有内容的沟通，我们跟汽车媒体建立了非常牢固的信任关系和友谊。后来又跟《北京青年报》汽车版的孔文清团队一起做道路安全项目，通过报纸让司机参与安全驾驶知识问答活动，优胜者可以参加壳牌道路安全趣味比赛。比如，在汽车盖上放一杯水，看谁开得最远、洒出的水最少，快速换轮胎，等等。奖品是我们的润滑油，同时我们也邀请业务部门和营销部门参与，在充满乐趣的氛围中合力推广壳牌的品牌、产品和对客户的关爱。从今天的角度来讲，这样的活动有"社群营销"的雏形了。

早期的公关实践不光有成功，还有教训。1995年我们的上游业务要在中国东海进行第一次海上勘探。这是一种高风险、高投资的作

业，正因为是第一次，所以有新闻价值，要发一篇新闻稿。那时，我们也刚刚开始使用个人电脑。写完中英文新闻稿后，我就用电脑的自动检测功能对英文稿进行拼写检查。标题应该是《壳牌开始在东海勘探》。"开始"这个词的英文应该是 commence，但是文档处理软件的纠错项推荐了 commerce（商业化），我没有注意到，下意识地认为软件会比我的记忆准确。但这两个词的意义大相径庭，可以想见上游业务老板的恼怒，尽管新闻稿的中文是正确的。所幸上游业务比较专业，当时也还没有今天这么电子化，加上良好的媒体关系，我可以很快更正。

这个教训我至今无法忘记——不能轻信电脑文档处理软件的自动检测功能，一定要确保新闻稿的准确。因为我们这个职业有如外交，"外事无小事"，所以不能犯这样的低级错误。也因此，我开始注重细节，练就了"火眼金睛"。后来带团队的时候，团队做完的文稿让我审阅，我常常能够一眼看出其中的问题，比如说这个空格不对，或者是表述上有错误。他们都很惊讶，说"我用电脑软件查过了呀"。这就是我学到的，电脑软件不一定是对的，它可能提供给你一个正确的单词，但是拼写对并不代表意思就对。这是一个很深刻的早期教训。一定要专业、专业，不能马虎！

这些早期的实践，得益于在香港和新加坡的入职锻炼，加上老板大胆放手，再加上只有一个人的"团队"，我得面面俱到，从而自己得以快速成长。其中有收获，也有教训，但的确是很好的起步。

小插曲

　　1995年的夏天，我跟着公司北方区的总经理去一些地区进行新项目的考察，调查中国东部沿海城市的基建投资情况，主要考察的是山东的几个城市，有烟台、青岛、威海等。当时山东的高速公路已经修得非常好，高速公路两边零星地有几个加油站，也配有厕所，但厕所是非常原始的，有的甚至就露天，只有几堵墙而已。几乎无从下脚，气味就更不用说了。

　　从烟台到济南开车要3~4个小时，记得我们那位英国老板根本不愿意使用加油站的厕所。到达目的地后，我们要见的副省长已经在会面的酒店大堂等候我们，我们只进行了简短的寒暄，英国老板便直奔厕所去了。看上去似乎是有点不太礼貌，但却引出了后面的故事。

　　我们这次考察的其中一个方面，就是发展加油站业务。后来，我们的加油站业务在中国逐步建立，有一个很大的区别就是我们的厕所非常干净，很受欢迎。再后来在我担任亚太区公关负责人期间，在菲律宾，有一个网红把我们在菲律宾加油站的厕所拍成了MTV，可见品牌不光与产品和服务有关，还包括其他的附加因素和便利，比如说加油站的厕所。这种零售业务面向客户，可以提供燃油以外的各种服务，如小型超市、餐饮、快件接收、水电气各种费用的支付等。

　　我们的加油站还可以承担紧急情况下的社区中心职责。2008年四川发生地震的时候，我们在当地的加油站就变身成了一个临时的社区物资中心。同样，在台风"海燕"袭击菲律宾的时候，我们在菲律宾的加油站也成了急救物资的中转地和集散地。2019年底新冠肺炎疫情暴发，我们的加油站既是保障抗疫车辆运行的必要一环，也是服务社区的中心。

小结

下面讲一讲媒体关系,从过去到现在。

我初入公关职场发生在 20 世纪 90 年代中期,那应该是中国商业化媒体蓬勃发展的起步期,当时主流媒体当道,记者被称为"无冕之王",同时,体制外的媒体市场开始活跃,如在北京《精品购物指南》很畅销,各类都市报、周刊和行业报刊涌现。我的公关入门师父对我进行了有关和媒体建立关系的培训,包括了解媒体的风格,和负责经济、外贸和能源口的记者建立联系和合作关系,如何为公司的里程碑事件写新闻稿,开新闻发布会;还有商业操守方面的原则,如不付费发布新闻,新闻和广告不挂钩,等等。实操部分自然就是在工作中摸索了。前面提到的利用高层来访,通过早午餐会的介绍沟通就是和媒体建立关系的手段之一。

那是以纸媒为主的时代,我第一年没少花时间在传真机前给各媒体发新闻稿,后来才有了电子邮件、公司网站,再后来就有了社交媒体和自媒体。如今已经是"媒体化"时代,各种媒体并存,传播渠道繁多。表 1-1 简要说明了自有媒体、付费媒体和赢得的媒体的区别。

表 1-1 自有媒体、付费媒体和赢得的媒体比较

媒体类型	定义	例子	角色	优势	挑战
自有媒体 (owned media)	品牌自己控制的渠道	企业网站 企业移动网站 企业博客 企业微博	与直接和潜在的用户以及赢得的媒体建立长期关系	企业控制 成本低 长期效果 用途广 受众精准	效果无保障 不被信任 需要花时间长期维护

续表

媒体类型	定义	例子	角色	优势	挑战
付费媒体（paid media）	企业付费购买的渠道	电视广告 付费搜索广告 其他赞助	吸引眼球 激发讨论	按需 迅速 范围广 可控	嘈杂 可信度低 效果每况愈下 费用昂贵
赢得的媒体（earned media）	消费者变成渠道	用户口碑 病毒式传播	倾听和反馈——赢得的媒体是企业自有媒体和付费媒体良好执行和协同的结果	可信度高 形成销售的关键因素 透明 生动 花费相对低廉	不可控 可能有负面评论 范围广 难以衡量

资料来源：Forrester Blogs。

这样的演变用了不到20年的时间，我最早有关媒体以及和媒体建立关系的"古训"是否还有用？哪些变了，哪些没变？如何面对瞬息万变、日趋复杂的媒体天地？

随着媒体的变化，公关人自然是与时俱进，跟进了解新媒体的特点，改进相关内容以和媒体渠道相匹配。故而，了解媒体的特点和风格依然适用。但不能就此止步，要大胆尝试。记得社交媒体起步时，各行业和各公司的反应也不尽相同。快销品行业相对快速启用社交媒体，B2B（企业对企业）行业则慢一些。

更多的渠道给了公关人更多的选择，但也意味着更难以吸引日趋忙碌的受众。因此，内容为王，受众为上——好的故事依然是重点，如过去写好新闻稿一样，在不同平台上的故事叙述，要符合该平台的风格和受众的阅读习惯，不能简单地照搬（copy paste），那不仅是懒惰，更是没有职业素养。重大事件除发新闻稿之外，还得"一女多嫁"：把相关内容以与各平台相匹配的形式发出去。这需要更多的计划以及和业务、营销等多个部门的协调，公关人要做内容"整合者"。

同时，这要求公关人具有更多的创意——"信、达、雅"，在"实话实说"、有理有据有节的基础上，还得根据媒体渠道，结合热点话题，考虑人文等要素，有创意地讲好故事。2019年，在中国举办的"壳牌汽车环保马拉松"大赛，以漫画的方式讲故事，在微博、微信上收获了历史最高点击量。

很重要的一点是关系，人与人的关系依然重要，在纸媒时代我们要和记者、编辑建立信任关系；在社交媒体时代，纸媒虽然电子化了，我们依然要和记者、编辑建立信任关系；同时，社交媒体上的网红达人也是建立关系和合作的对象。我们在"壳牌汽车环保马拉松"大赛中，在马来西亚、印度和中国都和各市场的网红达人合作过，最有互动性的网红达人当属中国的——他们年轻，有知识，风趣幽默，还很好学，有众多粉丝。我代表公司和网红达人配合过讲汽车环保马拉松的故事，还赚了个"网红阿姨"的雅号。

从纸媒时代到多媒体时代，或媒体化时代，在实践中，我的体会如下：一是故事需要人性化，无论是企业对企业（B2B），还是企业对消费者（B2C），归根到底都是人对人（H2H）。2012年，在我所带领的亚洲公关团队的创作中，一个点击量最高的故事是一对社区新人以我们新加坡炼厂为背景的结婚照！二是内容为王，受众至上，"一女多嫁"，或者说"一鱼多吃"，创意无限。三是关系依然重要，建立信任，让各种媒体了解企业，同时也通过媒体了解受众的期望、媒体的变化。四是要定目标，可量化的目标才能实现。

第一章　第一位公共事务专员

在我接手亚太区公共事务的 2012 年，我就把提高公司在社交媒体上的曝光率作为当年和以后几年亚太区公关事务的 KPI（关键绩效指标）之一，鼓励团队大胆尝试，

在中国工作期间的部分媒体采访

要求每个国家的团队每季度至少在脸书上发布两个故事。这样，亚太区平均每个月都有两个故事发布在集团全球脸书账号上（那时只有少数国家的下属公司有单独的脸书账号）。那年，亚太区有多个在集团全球脸书账号上点击量高居前列的故事。五是尝试的力量。成功的例子可以激励团队更大胆地尝试，不那么成功的例子可以供他们从中反思、学习，重要的是大胆尝试。

19

第二章
践行可持续发展理念

> 拯救我们的地球、摆脱贫困和推动经济发展,这些是同一场战斗。
>
> ——联合国前秘书长潘基文

1997年夏天,我当时任壳牌(中国)公共事务经理,和团队的毕蕾去拜访中国最早的民间环保组织"自然之友"。"自然之友"是梁从诫先生1994年创办的中国第一个群众性、会员制的民间环保组织,在最初的几年就开展了大量环保工作以提高人们的环保意识,得到媒体的关注。梁从诫先生是中国践行环保和可持续发展理念的先锋。当时,我们正在寻找伙伴,在北京开展壳牌"美境行动",从媒体上了解了"自然之友"的环保工作,认为它是可能的合作伙伴,这就是我们此次拜访的目的。梁从诫先生热情地接待了我们,但其中一位主任却很不客气,认为不应该和能源公司合作,因为该类公司是"污染大户"!

这是我践行企业社会责任和可持续发展理念经历中难忘的一

幕。在这一章，我将以职业公关人的视角，从环境和社会影响的管理角度出发，分享我的可持续发展实践。

美境行动

1995年在香港入职工作的三个月期间，我通过公司的社会投资项目，看到了公司在香港是如何做一个企业公民的。其中一个项目是壳牌"美境行动"。这个项目给我留下了深刻的印象：培养中小学生的环保意识，让中小学生从身边、学校或社区做起，美化环境，比如如何节电节水、如何观鸟等。

20世纪90年代中期，中国改革开放势头正劲，经济刚刚起飞，随之而来的是不少环境污染问题。最初白色污染问题比较突出，比如说塑料袋到处飞扬。当时，开始出现一些有环保意识的人士，包括从海外归来的人士成立民间环保组织，比如有廖晓义女士的"北京地球村"，还有梁从诫先生的"自然之友"等。

作为一家国际能源公司，我们那时也开始实践可持续发展理念，在全球特别关注环境和社会方面的问题，在中国也不例外。我们是通过媒体了解到内地民间环保组织的发展动态，那时就想把香港的这个环保项目引到内地。团队成员何小静先开始从广州做起，因为涉及项目进学校，需要教育局或教委的支持。没想到广州的教育部门还挺开放，于是1996年我们在广州启动了壳牌"美境行动"，该行动参照了香港的模式，让中学生提出环保方案，参加评选。广州的第一届"美境行动"就有60多所学校参加，共提交了400多份环保方案，反响挺好。于是，我们就想将其推广到我们当时有办事处的北京和上海。项目需要合作伙伴，在北京我们找到了梁从诫先生的"自然之友"。

还记得我们第一次去"自然之友"的办公室，那是在北京的一个胡同里。"自然之友"办公室的主任Z老师特别不赞成跟我们合作，他认为壳牌集团是一家石油公司，是"污染大户"，对公司有很多的成见。我们没有放弃，多次拜访，积极沟通。我分享了我们在海外所做的一些环保项目，还有在香港和广州开展的"美境行动"，同时也邀请梁先生到公司跟我们分享"自然之友"的环保行动，这样的互动和交流，让我们和"自然之友"建立了最初的关系和信任。在讨论"美境行动"方案时，我们也充分听取"自然之友"的意见和建议。到1998年春末夏初之际，我们在北京天坛公园以清扫垃圾的方式启动了北京的"美境行动"。在这之后，我们又和上海教育局合作。自此，壳牌"美境行动"落地北上广。

随着公司业务逐步在中国扩大，这个项目就慢慢地落地到了我们有业务的省份和城市，开展活动城市最多的时候是在2006—2008年，达20多个城市，的确是很值得骄傲的一件事。

北京的合作伙伴也包括北京教委，有一位G老师刚开始对我们有一些偏见，以为我们只是在玩弄公关手段。后来看到我们做这个项目做得很踏实，虽然项目的资金支持不是特别大，但是功夫下得还挺多的。比如我们这个项目有很严格的评审程序和步骤，同时也加入了很多跟合作伙伴讨论出来的元素：我们加入了动手环节，也就是说提案获奖只是第一步，我们会给获奖的学生团队一小笔实施资金，让他们把自己的创意付诸实践，最后评出实施奖。以一年为周期，工作量可观。G老师成了"美境行动"的铁粉，退休后还继续支持这项活动，做评委和志愿者。

需要动脑的竞赛在中国很多，而加入动手元素则让这个项目有所不同。"美境行动"曾有这样一张海报，上面写着"动脑动手，美化环境"；还有一张海报写着"小手牵大手，美化环境"。这后一句事出有因。中国当时的特殊情况是独生子女家庭居多，那么如果我们能影响到一个孩子，他/她就可能影响到6个大人（父母，祖父母，外祖父母）。后来的事实印证了这一驱动是对的。2005—2006年，我们在江苏的合作伙伴不仅把"美境行动"推广到了江苏12个城市的学校，还把它推广到了学校以外的社区，所以"小手牵大手"这样一个理念还真就变成了现实！到2007年底，壳牌"美境行动"已在17个城市开展，包括北京、天津、上海、广州、惠州，以及江苏的12个城市。100多万名学生参加了"美境行动"，共提交了逾10万份环保方案。我们在2008年举办了"美境行动"10周年庆祝活动，分享了各地优秀案例。其中印象深刻的有广州小学生组装小太阳能板，将其安置在书包

带孩子参加壳牌"美境行动"

上为 MP3 充电；南京的孩子们在社区倡导绿色消费，提醒家人和周围的成年人消费对环境的影响。

从 1996 年到 2021 年，这个项目已经有 25 年的历史，四分之一世纪了，最早参加这个项目的孩子有些可能都已经成为父母了。将一个项目持续做 20 多年，是有乘数效应的。最近中国团队又把"美境行动"带到了一个新的高度，和生态环境部的宣传教育司合作，把它升级为一个全国性项目，还和公司的全球 STEM① 教育项目结合，更上了一层楼。

值得骄傲的是，我们能在当年找到一个环保视角，找到一个特别有中国特点的独生子女家庭的视角，从动脑到动手，从学校到社区，从北上广到 20 多个城市，又加入 STEM 元素，历经 20 多年，这本身就是对可持续发展理念的一种良好诠释。

当然，作为项目的组织者和发起人，我们也从中学到了很多。一是毫不犹豫地借鉴好的做法。比如说这个项目是从香港借鉴过来的。二是，因地制宜，发扬光大，与时俱进。比如和内地的独生子女家庭的实际情况结合，现在

2009 年我和毕蕾在广西和公司支持的扶贫教育项目的孩子在一起

---

① STEM 代表科学（science）、技术（technology）、工程（engineering）、数学（mathematics）。

又加入了 STEM 教育的理念，使得它更加完善。三是寻找志同道合的伙伴。北上广的最初合作伙伴是我们项目能够落地的关键，江苏的 W 老师也功不可没。当然，还有我们的团队。光阴荏苒，人员不断变动，但中国团队的小伙伴们一直推动着这个项目，年复一年。

特别要提到毕蕾，她从 1996 年加入我的团队，一直到 2016 年去世，为公司"美境行动"的壮大和在中国的社会投资项目的实施不遗余力，为公司编织了一张大大的公益伙伴网。

道路安全项目

这里阐述一下在社会投资方面我的一些心得和体会。前面提到与时俱进，我认为这的确是很重要的理念。公司在亚太区许多国家都有上百年的历史，而我们的许多社会投资项目也历史悠久，比如说，道路安全项目在马来西亚和新加坡都已有 50 多年的历史。怎样能让我们的社会投资项目和企业公民角色做到与时俱进，能够切实有益于所在社区？我在这期间的挑战就是让各国的同事们能够从时代精神和社会需求的角度来看社会投资项目的相关性。简单的项目可用这样一个方法来进行评估：横轴代表和公司的相关性以及公司可能的贡献，纵轴代表与社会的相关性和对所在社会的可能贡献（见图 2-1）。右上角这个象限则表示既对社会有用，又符合公司的理念和价值观，和公司核心能力的相关性大，包括可以有所贡献的方面。

图 2-1 社会投资评估象限

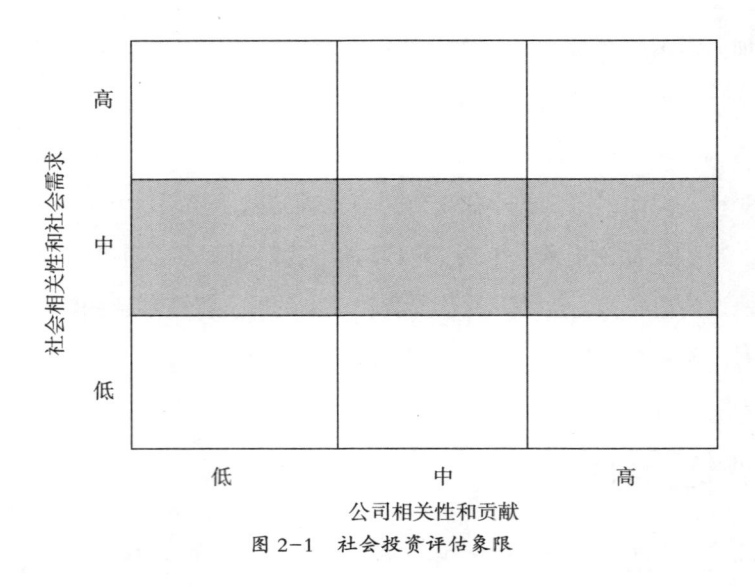

公司在东南亚有悠久的历史，社会投资项目也遵循一个演进的过程。2012 年我到新加坡上任之后发现我们有些社会投资项目就当时来讲，切合度太低了。我们资助过艺术领域的很多项目，要重新考虑。并非它们不再重要，而是我们除了提供资金以外，与它们没有更多的相关性，即公司没有这方面的核心能力。因此，我倡导"体面退出"（graceful exit）：既要确保项目在我们退出后能持续下去，比如，给项目合作方一定的时间，找到其他合作方，或与项目合作方达成一致，在双方同意的时间表下逐步降低我们的参与度。退出有历史的项目，可以想象会有一定的难度，不仅要让我们自己的同事接受，还要跟多年的合作伙伴摊牌、沟通与谈判。几年下来，位于多个亚太国家的社会投资项目的转型都达到了预期。

相反，有些方面要争取总部的继续支持。道路安全项目就是一个例子。道路安全项目在公司全球社会投资排序中为二类项目，即排在能源供给、STEM、企业发展之后。发达国家早已进入汽车及其基础设施和相关法律法规与行为准则都很健全的时代,道路安全项目作为二类项目可以理解。但是,在亚洲我们与道路安全确实很相关,一方面大部分国家是发展中经济体,刚刚进入汽车时代,人们在道路安全方面的意识和行为都有待提高,亚洲多个国家的道路交通事故率超高,所以我们据理力争,保持道路安全项目在亚太是重点社会投资项目。当然,我们在亚太国家的相关业务也在高速增长,如铺路用的沥青、加油站、润滑油,这些业务和道路息息相关。因此,关心道路使用者——司机和路人的安全意义重大。

在过去的5~6年中,我们在道路安全项目上取得了骄人的成绩。在新兴市场,比如缅甸,我们跟当地的红十字会合作的道路安全项目,将"死亡之路"(从首都内比都到仰光的道路)的事故率降低了30%~40%,这个项目让我们获得了全球2018年度"迈克尔亲王国际道路安全奖",这是我们第一次获奖。该奖项是英国皇室成员迈克尔王子于1987年发起的,每年颁发给为道路安全做出杰出贡献的项目。由于业务进展问题,我们于2020年退出了缅甸市场,但至少在我们开展业务的期间为当地提高道路安全做了一些贡献。

我们在印度的道路安全项目聚焦于另一个问题。这一项目是跟国际机构VisionSpring合作,为卡车司机检查视力和配镜。在印度,卡车司机经常长距离长时间驾驶,有些司机有视力问题或眼疾,由于收入不高或缺乏意识,大都没有去做检查或戴眼镜,所以我们和VisionSpring合作了这个项目。当然项目也得到了业务部门的大力支持,润滑油、加油站等业务部门都积极参与这个项目。这个项目让我们获得了全球2019年度"迈克尔亲王国际道路安全奖"。2020年，我们再次获奖，这一次的获奖项目是在马来西亚的道路安全项目。那时，我们做面向小学生的道路安全项目已近50年，但是后来发现年轻人中存在更多隐患，尤其是即将上路驾驶的人群，比如大学生，所以我们与时俱进的道路安全项目——3S项目就锁定了这一人群，旨在让他们提出提升道路安全的提案，活动不只是对他们进行更多的宣传教育，更是让他们参与进来解决道路安全问题。到2021年，马来西亚已有75所中学的7万多名学生参与这一项目；另外还有20多所高校和6所私立技术大学参与了高校版道路安全应用设计大赛。2021年的大学生冠军团队设计了防酒后驾驶和打盹的检测器。

小插曲

和梁从诫老师的缘分来自"美境行动"。多年的合作使得我和梁老师及其夫人方晶老师成为忘年交。梁老师是历史学家，集团的高层到访中国的时候，我还请他带着我们集团的领导游览了北京的胡同。梁老师对北京的老胡同、建筑及其历史和故事了如指掌，他娓娓道来，生动有趣。这样的非正式接触，一方面增进了我们集团的领导对中国和中国历史的理解，一方面也让梁老师对壳牌集团有更多的认识。他真的是一个非常有趣的老头。2000年10月，我要被派到总部工作，走之前他还在家里做了他最拿手的炒面为我送行。跟梁老师一起参加"美境行动"，从他那学到了很多可身体力行的环保习惯，比如他从来不用一次性筷子，所以我们后来制作公司的小纪念品时，设计了可以重复使用的餐具袋。后来每次见到他的时候，他总说"我现在还在用呢"。

第二章 践行可持续发展理念

2000年在去伦敦工作之前，梁从诫老师和夫人方晶女士在家中为我送行

2008年，和梁从诫老师、毕蕾在"美境行动"10周年活动上

我从总部回到北京负责壳牌大中华区的对外关系时，见证了"美境行动"10年的成果。当时做了一个10年回顾活动，很多当年参加过"美境行动"的孩子早已成了环保卫士。我记得有一个是国际环保大使，还有一些即使从事商业活动，也坚持把可持续发展理念纳入商业活动。梁老师觉得我们的"美境行动"培养了一批环保卫士，很欣慰。

梁老师的环保行动当然不只"美境行动"，他去可可西里保护藏羚羊，呼吁环保立法，我们多次请他到公司来分享他和"自然之友"的环保故事。因"美境行动"，我和中国最早的民间环保组织领袖结缘，并从他们身上汲取洞见和学识，助我成长，何其幸运！

公关生涯

小插曲

再说一个小故事,也是偶然发生的。1995年夏天的某个中午,吃完饭后我从信箱拿回了一些信函,其中有一封手书信函,一位退休的阿姨说她希望得到一件带有公司标识的礼品。我当时没有多想,觉得这个要求不过分,就随手写了一封回信,感谢她对我们公司的关注,还在信封里加寄一份介绍公司的小册子和一个带有公司标识的钥匙扣。过了一两个月,大概是秋天的时候,我收到《时尚》杂志记者殷智贤的电话,对方问起这件事,问我是怎么想的。我很好奇她是怎么知道这件事的。她后来坦白,说这是她策划的,她让那位退休阿姨给几家公司写了同样的信,只有两家公司回复了,我们是其中的一家,而且是唯一的一家外企。其实这只是举手之劳,背后的想法很简单,企业公民的角色对我而言是需要有企业来承担的,答应这么一个小小的请求不费吹灰之力,但可能会增加一个对公司品牌有所了解的人,何乐而不为呢?没想到她把这封信和跟我的后续谈话写成了一篇文章,在《时尚》杂志上刊登出来,也因为这件事我跟她成为朋友。再后来,她写了一本关于中产群体在中国崛起的书《高级灰》[①],又把这个故事收录了进去。一封信的故事,被描述了两遍,我认为这个举手之劳还是很值得的。

可持续发展实践:社会影响管理

1998年壳牌集团发布了第一份"可持续发展报告",报告的标

---

① 此书作者为殷一平,二者为同一人。

题是《人、地球和盈利》(*People, Planet and Profit*)，后来也简称 3P 原则。也就是在那个时候，我们在中国建立第一个合资企业的谈判和筹备工作进入了实质性阶段。这个项目从 20 世纪 80 年代开始断断续续谈了多年，设计方案多次易稿。

到了 1997 年，这个项目进入实质性筹备工作阶段。项目选址于广东省惠州市大亚湾，项目用地牵涉到两个镇 10 个自然村共 8 000 多人的搬迁，根据协议，搬迁工作由当地政府负责。按照国内的项目程序，这样的大型石化项目都需要进行环境影响评估，而依据国际惯例，还要进行社会影响评估。按世界银行标准，项目用地引起的动迁为非自愿性搬迁，由于项目需要国际融资，那么动迁要达到世界银行或国际金融公司（IFC）的非自愿性搬迁标准。而政府又是负责搬迁的，如何保证由政府负责的工作达到国际标准？我就是这个时候介入了项目的环境社会健康影响评估（ESHIA[①]）工作的。

为了保证搬迁达到应有的国际标准，作为合资方的壳牌请了世界银行搬迁方面的专家罗伯特·伯克利（Robert Buckley）和他在中国的一个合作伙伴，而我作为壳牌的代表被老板派到大亚湾，跟专家们一起做基线调查（baseline study）。基线调查是大项目准备阶段的必要工作之一，主要是通过定量和定性的问卷收集项目所在地和受项目影响的社区目前的相关社会经济数据，如主要人群及其经济活动、收入来源，人口分布等，分析项目可能带来的正向或负向影响，及时反映社会经济方面可能的风险，为项目投资决策提供

[①] ESHIA 是环境（environment）、社会（social）和健康（health）影响（impact）评估（assessment）的英文缩写。

借鉴。

我们的基线调查集中在了解搬迁之前的社会经济状况,搬迁会给受影响的村民带来怎样的影响,他们又有什么诉求,等等。按理说,这项工作应该由当地政府主导,所以这当中要处理好这个关系。不能简单地要求当地政府"符合国际标准",这会让其因此反感,不接受或是不配合。

1998年和1999年的两个炎热的夏天,为了做好基线调查和环境社会健康影响评估,我和罗伯特的小组是在田间地头度过的。同时,公司负责全球社会业绩方面的同事Titus和Barnaby也都多次从伦敦过来跟我们一起对项目征地进行实地考察,和当地的动迁办一起工作。不是说我们有国际专家就可以发号施令,我觉得这一点很重要。一方面我们帮助当地政府负责动迁工作的人员了解国际要求,另一方面我们也要了解他们是如何管理动迁这一复杂挑战的,和国际要求比缺什么、怎么补。

记得有一次我们去其中一个受影响的村子,村委会组织了一场座谈会。通过这场座谈会我就发现每个人有不同的诉求,比如说妇女觉得"我们不懂技术,可是我可以在未来的工厂给你们做保洁呀",年轻人更加雄心勃勃,觉得应该创业,比如开发廊、开饭馆,因为他们意识到在这个大型项目施工期间和建成之后,可能有很多这方面的社会服务需求。

这种座谈会是我们进行基线调查和之后制订生计恢复计划的最好的第一手资料。当地动迁办的工作人员也通过多次这样一起工作,了解了我们所说的基线和生计恢复的要求,简单地说就是现在的农民,比如菜农、果农或渔民,失去了赖以生存的手段(土地、果园、渔港等）后，如何让他们搬迁之后的生计有所保障，而不是简单地依赖现金补偿，这是我们的最终目标。生计恢复计划有关长期生存和发展，不是一时的救助，用一句话来说就是"授人以鱼不如授人以渔"。

之后，我们帮当地政府一起做了很多关于搬迁村民的生计恢复计划，如和国际劳工组织合作进行职业技能培训。在项目建设期间，就有搬迁村民组成运输队、电工组承包施工中的相关项目。项目还对受影响的村民进行了许多社会投资，比如屋顶菜园项目，为他们提供了搬迁后继续务农的乐趣，为孩子们提供奖学金，等等。

在环境方面也有很多可圈可点的地方，有一些耳熟能详、至今仍有深刻意义的故事。在施工平整土地期间，有一棵树上有鸟正在孵化，我们的现场经理决定改变施工计划，移到他处施工，等小鸟飞走了再继续，这就是著名的"鸟巢"故事。而"珊瑚"的故事说的是项目的一部分管道要延伸到有珊瑚的水域，根据环境影响评估报告的建议，我们与南海水产研究所一起移植珊瑚，把这些珊瑚移植到更远的海域，之后的监测发现移植后的珊瑚的成活率高达99%。

2006年南海石化项目建成投产后不久，我开始负责大中华区的公共事务部，那时候对可持续发展的讨论正盛，我们也被邀请就南海石化项目的实践做了很多的分享，南海石化项目变成了一个绿色标杆，因而得到了多方面的认可。其中一个是2009年《商业周刊》颁发的绿色企业奖。也因此，我和负责这一项目的陈敏枝多年后因为可持续发展成了好朋友，但这是后话了。

南海石化项目是我接触和学习可持续发展实践的第一课。虽然是在20世纪90年代末的一段经历，但是对我的职业和个人发展有很大的影响。当时，我们公司在全球还没有一个很成熟的、今天称为社会业绩的框架，由于有可持续发展的理念和信仰，加之世界银行和公司总部专家的协助，公司认真地按照国际标准一步步在实践中学习和摸索如何把可持续发展的三个维度——经济、社会和环境——落到实处。这种来自实践的学习让我对可持续发展从认识到操作都受益匪浅。这正是"纸上得来终觉浅，绝知此事要躬行"。

回想起来，当时我们之所以可以把动迁这样复杂的工作做到符合国际标准，从公共事务的角度来讲，我觉得有以下几个关键因素：明确的目标；开诚布公地沟通以达成共识；认真倾听，优势互补；不以国际标准为大棒。最后这一点需要说明一下：和当地动迁办一起工作，发现他们做法中符合标准的地方，就只要求他们补充需要的文件。比如他们对受影响的村民做了很多沟通工作，但没有形成文件，但按世界银行的要求需要记录。这样在了解情况的前提下提出具体要求，不仅让对方容易接受和做到，还让双方很快建立了信任关系。

其中有这么一个小插曲：得知我们带着大鼻子老外去村里开会，与我们合资的中方伙伴担心这样可能会提高村民们的期望值。其实，认真倾听后就会发现村民们的期望都是可实现的，而且也需要有创意的解决方案。结果是，南海石化项目是当时国内为数不多的按计划、按预算建成投产的中外合资大型绿地项目。

后来公司在中国又做了很多其他的项目，包括上游的勘探开发，也包括2008年左右开始探讨的另一个石化项目。虽然因为商业原因，后一个项目最终没有做成，但在这里还是想分享一些相关的视角。那时我们跟一家国有石油企业探讨一个预计在东部沿海开展的大型石化项目。2009 年和 2010 年,我和我的团队跟着项目组一起到拟建项目所在地做实地考察,同时也开始了项目的 ESHIA 工作。这时距离当年南海石化项目的 ESHIA 工作也就 10 年吧,但人们的期望值已大不相同。对南海石化项目进行考察时,村民们都希望能变成城里人,这样他们就业和孩子上学可以有更多的机会。到 2009 年,东南沿海那个岛的渔民们不想变成城里人。他们觉得一辈子就懂得打鱼,为什么要放弃?这是社会层面的变化。其间人们的环保意识也大有提高。那时,台塑的 PX 项目就因为公众的反对而被迫放弃。

可见,公众对企业的社会期望值是越来越高的。我在伦敦总部工作的时候,做了一个公众期望值变化模型,即从 20 世纪 80 年代至今的"相信我"—"告诉我"—"让我看到"—"让我参与(决策)"的变化,如图 2-2 所示。公众对企业的社会期望值增大,信任度降低,希望企业的决策更加公开透明,希望利益相关方早日介入重大的决策过程。

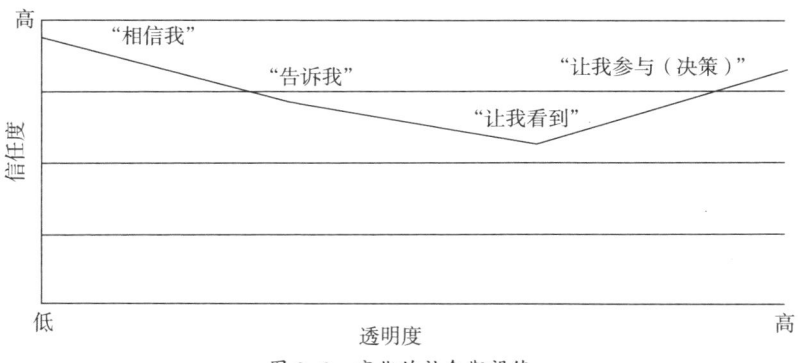

图 2-2 变化的社会期望值

前面提到公司总部是1998年开始发布可持续发展报告的。之后壳牌（中国）也开始发布可持续发展报告（1999年），我的老板NW签发了壳牌（中国）的第一份可持续发展报告，这一做法一直持续到我从伦敦/海牙回到中国接棒至2008年，将近10年的时间。在三大国有石油企业筹备到海外上市的1999年和2000年，我们公司还和它们交流分享有关可持续发展报告的经验和做法。壳牌是世界可持续发展工商理事会（WBCSD）的全球成员，也是中国可持续发展工商理事会（CBCSD）的创始会员。2006年我接管大中华区的公共事务，开始代表公司担任CBCSD的理事，和CBCSD的秘书处Z先生以及其他理事会员企业推动可持续发展在中国商界的实践，为提升行业从安全、环保到企业公民的意识献计献策，也继续我自己在可持续发展方面的学习和实践之旅。

小结

可持续发展的概念是1987年由联合国于《我们共同的未来》报告中正式提出的，定义为"既能满足我们现今的需求，又不损害子孙后代，并能满足他们的需求的发展模式"。该报告由挪威前首相、世界环境与发展委员会主席格罗·哈莱姆·布伦特兰提出，因此也被称为《布伦特兰报告》。

可持续发展经历了关注环境问题的20世纪80年代，推动更全面的平衡盈利、环境和社会的20世纪90年代。非财务披露的可持续发展报告最早源于形象受损的化学公司在20世纪80年代的"环境报告"。到90年代，可持续发展理念越来越受到商界的重视，更多的公司开始发布可持续发展报告，或企业社会责任（CSR）报告。社会期望的变化是推动商业更加透明的原因之一，此外还有投资者和员工的期望——期望企业承担超越商业盈利的更多责任，同时也是企业提升公信力、品牌度和声誉使然。

2002年，时任联合国秘书长的科菲·安南（Kofi Atta Annan）启动了"千年项目"，目标是制订一项具体的行动计划，在全球范围内实现"千年发展目标"和减轻影响着几十亿人口的贫穷、饥饿和疾病等问题，并计划在2015年实现八项"千年目标计划"。建立在"千年发展目标"所取得的成就之上，联合国公布了17项可持续发展目标，涉及气候变化、经济不平等、创新、可持续消费、和平与正义等新领域，并在2016年开始实施相关计划。

商业企业在实现可持续发展目标中可以发挥巨大的作用。正如现任联合国秘书长安东尼奥·古特雷斯（António Guterres）所说："我们需要企业领导者发挥其巨大的影响力来推动包容性增长和机遇。没有任何一家企业可以无视这项努力，没有任何一项全球目标无法从企业投资中受益。"

2020年的一项调查显示，企业践行可持续发展理念有诸多益处，包括：赢得人们的尊崇和品牌价值提升，吸引、激励和留住人才，带来新的业务增长机会，满足社会对可持续的企业行为的期望，提高运营效率并降低成本，改善风险管理，优化市场竞争地位，改善获取资本的机会，等等。

2017年的一份研究报告显示，到2030年企业将通过把握市场机会创收至少12万亿美元，创造多达3.8亿个就业机会。这些商业机会涉及农业、城市建设、能源和材料、健康和福祉等诸多领域。换言之，可持续发展不仅是应该做的正确的事，同时蕴含着无限的商机。

在公关职业生涯的早期，我有幸参与了企业社会责任实践、大型投资项目的社会影响评估以及可持续发展报告的编制，后来在欧洲总部工作期间（后面的篇章有详述），又有机会接触国际公约和与社会组织的沟通工作，更感到公关人的"整合"角色的重要性：可持续发展是公司战略，其实施需要建立全面的体系，并将其全面地呈现给利益相关方，包括普通员工、管理层、外部投资者、政府、社会组织等。报告则是一个渠道，而报告的编制则需要所有业务和职能部门提供事实和数据。这是公司治理的一部分，是一项复杂而漫长的工程。公关人可能领衔并主导企业社会责任履行和社会影响评估，其他方面则需要各种各样的输入和支持。

同时，由于各界对气候变化和各类社会问题的关注，有关全球可持续发展的话题也逐步具象和深入。

2004年，联合国全球契约组织（UN Global Compact）发布《有心者胜》（*Who Cares Wins*）报告，首次提出ESG概念——环境（environmental）、社会（social）和公司治理（governance），具体指标可见表2-1。2006年，联合国责任投资原则组织（UN PRI）列出6大原则、34项建议可行性方案，并将环境、社会和公司治理纳入投资决策过程，作为投资者投资准则，使之成为国际上检验投资者履行责任的重要指南，也是企业发展的重要战略和方向。

优秀的ESG表现不仅有助于企业降低成本、提高价值、降低系统性风险、提高运营效率等，更可以让企业为未来做好准备。

表 2-1　ESG 重要指标总结

环境	社会	公司治理
生物多样性	产品质量	董事会结构
碳排放	顾客关系	贿赂与腐败
气候变化风险	社区关系	反恶意收购
能源使用	员工关系	高管薪酬
土地使用	健康与安全	所有权结构
原材料来源	人力资源管理	股东利益
供应链管理	保护人权	决策透明度
废弃物循环利用	有争议的商业活动	投票流程
水资源管理	负责任的营销与研发	CEO 是否由董事长兼任
气候事件	利益相关方反对	内幕交易限制

资料来源：社会价值投资联盟（CASVI）。

如今，气候变化成为世界各国需要应对的紧迫性问题，在 2015 年通过的《巴黎协定》和 2021 年第 26 届联合国气候变化大会（COP26）的促进下，各国纷纷出台碳中和目标，中国更是提出了双碳目标：碳达峰和碳中和。可持续发展和 ESG 已成为企业实现生存和为未来做好准备的必修课，公关人则有更多的功课要做：理解可持续发展和 ESG 给企业带来的机遇与挑战，了解社会对企业的期望的变化，从风险管理、利益相关方沟通等诸多方面助力企业实施可持续发展战略。

第三章
危机管理

> 要建立良好的声誉,需要20年,但要毁掉良好的声誉,只需要5分钟。明白了这一点,你为人处事就会有很大的不同。
>
> ——沃伦·巴菲特

我的公关师父 CS 给我讲了六堂公关基本课,危机管理就是其中之一。那堂课的几个要点有:

(1)三个 C —— care/concern(关怀/关注)、communication(沟通)、commitment(承诺)。

(2)让行动说话(Action speaks louder)。

(3)危机既是危险,也是机会,中文充分表达了英文 crisis 所没有表达出来的意思。

她当时还开玩笑地说,"学是学了,最好别用上"("Now you learned about it, better not to have to use it")。当然,愿望总是美好的,真得感谢老板和师父,刚入门就教了我好几招,使我对危机管理有了基本的了解,结果还真用上了。

这里分享几个我所经历的危机以及与危机管理相关的小故事。

燃油污染

1997年严冬的一个大雪之夜，我接到了天津的加油站合资方打来的紧急电话。这是当时我们在中国最大的一个合资加油站，位于天津市区非常醒目的天津广播电视塔附近。那天下午4点到5点，在加油站加过油的出租车司机反映他们的车没开多远就开始冒黑烟并散发异味，然后车就不动了。我接到合资方的电话已临近半夜。这时合资方已经收到近百个出租车司机的反映，还有很多出租车司机到加油站要求赔偿，因为他们觉得是加的油有问题。很难想象当时的混乱场面。

那一周，大雪造成高速公路封闭，我和部门秘书第二天一大早坐火车（20多年前的绿皮火车）晃荡了差不多半天才到达天津。那时我们已经进不去合资方的办公室了，一脸不满的司机们堵住了门。于是，我们的危机管理工作只能在当地一家酒店的房间里开展。

随着了解的深入情况慢慢明晰起来，原来是那天下午加油站刚进了一批燃油，也做了例行的质量检查，之后就是出租车司机交接班的加油高峰期，很快就出现了加完油后冒黑烟、车不动的"趴车"问题。当时正值下班高峰期，也是出租车司机的最好载客时段，可以想象他们有多窝火。受影响的司机就跑去加油站要求赔偿或修车。为了平息混乱，加油站经理写了不少"白条"承诺解决问题。这为之后的赔偿带来了许多问题。

油品到底出了什么问题？当时，外资企业不能进口成品油，成

41

品油只能从几家国有石油企业获取,我们也不例外。问题的源头是运油车曾经装过其他品种的油,然后运的这批汽油,产生了燃油污染,造成趴车。这些事实是之后的一个多星期才弄清楚的。当时当务之急是解决受影响司机的赔付问题。

我们挤在酒店的房间里开展危机管理工作,没有任何设施,因为当时本土酒店没有任何会务设施,甚至连大张白纸或白板也没有,我们只能把从前台要来的A4纸粘成一张大的poster来研讨我们的危机管理方案。然后业务、公共事务、法务人员各自分头行动,晚上再开碰头会。

很快当地媒体就发布了一篇报道,标题是《外资油站挂羊头卖狗肉》,意思是说我们的牌子是外资的,卖的油却不是进口的。当时中国还没有加入世界贸易组织(WTO),外资企业不得从事燃油进口业务,也不能从事批发业务,在零售方面也很受限制。我们从国有企业进油,可加入一些添加剂。壳牌加油站受欢迎的原因是我们提供良好的服务和设施,包括干净的厕所!司机们很喜欢到我们的加油站加油。这样的事件要是在今天的媒体环境下,一定是负面新闻漫天飞了。好在当时社交媒体并不发达,我们跟当地媒体有非常好的关系,彼此也很信任。我们不能只说是供应商(国有石油企业)的问题。我在一个寒冷的下午去了那家报社,向编辑解释了事件的经过,以及我们不能直接进口燃油的市场局限性,但重点是介绍我们在事件发生后所采取的措施和所开展的工作,比如如何解决受影响司机的赔偿问题,如何开始考虑改进运营流程和环节,等等。同时,业务和法务人员齐头并进,很快就安排了受影响司机的赔付工作。

业务部门从那次危机中学到了如何强化加油站现场质检并将其进一步落实。从危机管理的角度这次事件值得总结的要点有:(1)与利益相关方的关系很重要。我们的合资方和当地政府有很好的关系,我们和媒体的关系也不错,建立了彼此间的信任。(2)在办公室不能用的时候,需要快速找到一个危机管理办公场所。(3)随时为紧急情况做好准备,之后我在办公室就备有一个旅行包,准备了必要的文具和日常用品,做到有问题可以随时拔腿就走。(4)把握危机处理速度,以人(这个例子中为客户,即出租车司机)为本,先处理棘手问题,即出租车司机的赔付问题,再解决运营中的问题。(5)不断强化危机管理培训。

之后两年,我们对所有合资企业进行了危机管理培训,尤其是对前线管理人员和运营员工,比如如何在第一时间通报事件,如何不做"白条"类的承诺,如何在危机时刻和媒体打交道。此后,据说我的名字和手机号出现在了每个加油站的小黑板上,幸运的是,从那以后没有再出现类似的事件。

另一个有关危机管理培训的经历发生在2008年,当时公司进入又一个高速成长阶段:收购统一润滑油,加油站业务快速增长,同时开展油气勘探开发业务和煤气化技术项目的合资企业也实现了增长。那时的壳牌(中国)大老板不仅要求我们完成总部的年度危机管理培训,还要求进行危机管理能力摸底,然后给出针对个人和各管理团队的能力提高计划。我当时担任大中华区的公共事务董事,为此我请了当时集团的危机管理负责人MS和一家国际危机管理顾问公司Regester Larkin的顾问,在两周内对9个合资企业进行培训评估,他们给出了一份长达100多页的个人和各管理团队的评估报告，并把这些评估结果和年度员工个人发展计划挂钩。壳牌（中国）是当时集团内唯一这样做深度培训和评估的公司。虽然辛苦，但作为组织者和培训者，我获益匪浅：一是对各合资企业管理团队的危机管理水平有了全面的了解；二是发现了一些可以为更高级危机管理做储备的人才。根据危机管理预案，每个危机管理团队的主要角色要有两名可相互替代的人员承担，核心危机管理人员每 8 小时要换班，轮流值班，因此企业要有危机管理能力和人才储备。

媒体误报

1998 年壳牌集团在全球进行了一次内部整合，其中一个举措是出售欧洲和北美的一些办公楼，改为租用。这些办公楼中就包括非常有名的伦敦 Strand 大街 80 号的 Shell Mex House。这幢大楼是泰晤士河边伦敦市中心的一个地标性建筑，其名声和历史远在泰晤士河南岸的壳牌中心之上。壳牌中心才是总部所在，Shell Mex House 只是壳牌下游业务和贸易部门所在地。结果这一消息被新华社驻伦敦记者报道为《壳牌出售伦敦总部大楼》，记者还发了一张他自己站在泰晤士河南岸，以 Shell Mex House 为背景的照片。这下，中国媒体更是将其解读为壳牌要破产了。但其实这只是壳牌资产管理的一个调整，破产之说完全子虚乌有。我们润滑油业务的竞争对手的经销商更是拿着这样的报纸在一些市场向客户宣扬，以便挖墙脚。我们必须辟谣，以正视听。一方面通过政府部门的同事找到新华社外事办的负责人，要求更正；另一方面在北京办公室召开了媒体圆桌会，利用投影胶片，详细解释伦敦业务办公楼和总部大楼的区别，以及集团资产管理调整的原因。得益于与政府和媒体的关系，新华社发了一个版面有豆腐块大的更正；参会的主流媒体了解了事情的缘由，没有再进一步发布负面报道。最终，这件事得以平息。这算不上大的危机事件，但的确是个突发事件。没有想到总部有关成熟市场的一些决定会影响自身在新兴市场的声誉和业务。在今天，这样的变革可能会事先在集团内部做一个全球通告，充分估计一些可能出现的情况，以便有效应对。那时候还没有现在的视频电话等便利条件，总部也没想到正常的业务调整会引起误解。幸好当时是以纸媒为主的时代，加之良好的政府和媒体关系，我们及时纠正了错误，止住了错误报道引起的负面影响。当然，社交媒体时代也有其好处，公司可以通过社交媒体及时发布正确的信息，包括图像、视频等。

巴基斯坦油罐车事件

将时间快进到 2017 年夏天。当时我在苏格兰高地度假。一个周六的早上，我先生在 BBC 看到巴基斯坦的一辆油罐车起火了，他还说了一句"好像没有壳牌标志"。你看我们的家人也是训练有素的。10 多分钟后，我就收到巴基斯坦团队 SS 的电话，说油罐车是壳牌承包商的。听闻油罐车翻车，周边村民试图用瓶瓶罐罐去装油，不幸的是火星引爆了油罐车，造成 200 多人的伤亡。因此，国际媒体也关注了此事。我马上暂停了那天的休假安排，和海牙总部联系，启动危机管理程序。我在休假结束之前，将亚太区和总部的资源一并调动了起来，和危机管理团队一起应对。在危机管理期间，我们有及时的媒体监测，以及和不同利益相关方的沟通，包括配合相关政府部门的调查等。紧张的危机管理工作一直持续了几个月，涉及对社区的短期帮助——对受伤人员的医护资助，给150户受影响的家庭提供长达9个月的食物；还有长期的社区建设项目，比如和当地的社会组织CARE基金会一起援建了两所学校，改善当地的基础设施和教育，支持巴基斯坦的助农项目，提供培训和创业机会。同时，集团内部也做了详细的事故调查，从中吸取教训，集团董事会和执委会亲自抓油品道路运输安全改善项目，并把相关计划落实到道路安全风险高的国家。这一事件还在集团的2018年度可持续发展报告中做了详细披露。在这一事件中，我们的危机管理并非只停留在处理事件本身，还做了很多的延伸，包括社区的长期生计恢复，运输车辆（承包商）的安全管理，以及壳牌其他业务可以从中吸取的教训。

就这样上了国际媒体头版头条的危机事件管理起来有条不紊，这得益于全球性危机管理模式和有组织、有计划的演练和培训。从公关的角度来讲，无论哪里发生危机，训练有素的团队总可以在不同地区之间调配资源。

在20多年的公关职业生涯中，我经历了种种危机，涉及不同业务、不同国家；同时，外部环境不断变化，如对公司的信任度和期望值的变化，社交媒体的兴起，都为危机管理增加了不少需要考量的因素。这更加强调领导力的作用，更加需要企业做到"有备"：把危机准备提到高层管理的日程上，尽早识别出可能出现的问题，做好危机管理预案并多演练，建立危机管理组织和能力，建立和利益相关方（媒体、政府、供应链、客户等）的信任关系。危机管理预案要及时更新，比如简单但容易忽略的人员变化和变化后的联系方式，保证危机管理团队和后备队能随时联系上。最重要的是意识到企业危机管理的要义是保障生命财产安全或把损失降到最低；同时保障企业长久运营资质的完好，以继续赢得公众等利益相关方的信任。

在写作本书的时候，我们还在经历人类近百年来最严重的一场公共卫生危机，我们至今还没有完全走出新冠肺炎疫情危机。这场人类危机让我们意识到，纵使企业的危机管理体系和框架日趋完善，我们也不能预测所有可能发生的危机。俗话说，万变不离其宗。那么危机管理的宗旨要考虑什么呢？我认为有以下几个方面：

（1）优先考虑以下因素：人（people）、环境（environment）、资产（asset）、声誉（reputation）、运营许可（license to operate）（这几个词可缩写为 PEARL，即"珍珠"的意思）。

（2）平衡短期利益和长期利益。

（3）"磨刀不误砍柴工"，时刻做好准备。

1）建立良好的利益相关方关系。建立关系和信任需要长期的投入，如时间、精力，有内容、有意义的沟通有利于建立长期的相互信任的良好关系。关系并非解决危机的"神药"，危机的处理得益于公司优秀的价值观和行为操守，这些是建立信任的基石。

2）做好培训演练，强化能力建设。

小结

我在这一章分享了部分我所亲历的危机事件及其管理应对和从中学到的经验教训。危机管理是公关人的核心技能之一,每个公关人在其职业生涯中都会遇到这样或那样的危机事件。那何为危机?

《牛津高阶英汉双解词典》(第8版)这样定义危机:极度危险、困难或疑惑的时刻,需要解决问题或做出重大决定。(Crisis: a time of great danger, difficulty or confusion when problems must be solved or important decisions must be made.)

公关人必须掌握危机管理要素和危机沟通原则,实战是最佳的学习方式。当然,我们还可以从其他行业和公司的危机管理中学习。比较著名的危机事件有:强生1982年的泰诺回收事件;美国联合碳化物(Union Carbide)1984年在印度博帕尔的有毒气体泄露事件;埃克森1989年的瓦尔迪兹号(Valdez)油轮漏油事件;BP石油公司2010年的墨西哥湾漏油事件;大众汽车2015年的"排放门"丑闻等。

危机可能是突发事件,如上面的有毒气体泄露和漏油事件,也可能是由长期忽略和忽视的问题发酵而成,如大众汽车"排放门"丑闻。

在上面的例子中,强生对泰诺回收危机的处理,虽然过去了40年,但依然堪称最佳处理,也是引用最广的危机管理案例。

1982年9月,强生的泰诺止痛胶囊在芝加哥导致7人死亡,后来发现是有人在胶囊中投毒所致。当时,泰诺止痛胶囊占美国成人止痛药市场35%的份额,占强生盈利的17%。这一事件很快成为全美的头条新闻，引起了公众的恐慌和对非处方药的不信任。尽管强生在 5 天之内很快就调查清楚这起事件仅涉及同一批止痛药中的 75 片，投毒也只限于芝加哥地区，但强生做出了回收市场上所有 3 000 万瓶泰诺止痛胶囊并免费将消费者手中的泰诺产品置换成包装更安全的产品，回收的产品价值高达 1 亿美元。泰诺回收事件导致强生股价短时大跌，其止痛药市场占有率从 37% 跌至 7%。

在危机沟通方面，强生立即发布了有关事件的消息，通知了相关医药部门、医生和经销商，叫停了产品的所有广告，并告诫消费者不要再服用泰诺止痛胶囊，设立了免费咨询电话，回答了 2 000 多个来自媒体的问题。通过这些措施，强生很快就控制住了事态的发展。

在其 CEO 詹姆斯·伯克（Jim Burker）的领导下，强生并没有就此止步，在处理危机的同时，开始了"转危为机"的行动。公司很快设计出防污的三层密封包装瓶，并将新泰诺推向市场，给消费者发放优惠券，走访医护人员，深入到社区宣传新泰诺。几个月后，泰诺止痛药的市场占有率回到了 30%。

相反，2015 年大众汽车对"排放门"丑闻的处理则是一个失败的危机管理案例。2015 年，美国环境保护署指控大众汽车在其部分柴油发动机上安装软件，以便让排放数据通过检测，而在汽车行驶时排放的尾气中污染物含量超出规定 40 倍。这一发动机软件涉及 2014—2015 年生产的多款大众车型。大众汽车的做法不仅违反了美国《清洁空气法案》，还欺骗了消费者，让他们误以为自己买了环保型车。不幸的是，大众汽车在处理这一事件中犯了危机管理的种种错误：公司的言论前后不一致，高层先是表示对此不知情，几天后又改口；在传统媒体和社交媒体上应对乏力；对于召回的车辆，有些给予赔偿，有些则没有。事情发生在美国，结果是2018年德国法院对大众汽车做出了10亿欧元的罚款令；2020年英国高等法院裁定，德国大众汽车集团利用"作弊软件"让柴油车尾气排放"符合"欧盟排放标准的行为违法。2021年，在事件曝光之后的第六年，据路透社报道，大众汽车说"排放门"丑闻让公司支出了313亿欧元，用于罚款和赔偿。

无论由何导致，面对危机，我的公关入门师父教给了我这几条简单的应对原则：

（1）承认事件不幸发生了；

（2）尽快着手处理，让事态得以控制——采取行动，而不只是"说说而已"；

（3）从长计议，例如如何恢复生产或运营，如何重建与利益相关方的信任关系。

上面的每一条都可以转化为可操作的危机公关步骤、流程和相关沟通文件，并纳入公司的危机管理预案和平时的危机管理培训中。

危机管理表面上考验的是公司应对突发事件的管理水平，但究其根本是考验公司的价值观和领导力，如诚实（承认错误），勇于担当（采取行动控制事态的发展，把对人员、环境、社区等的负面影响降到最低），平衡短期利益和长期利益。

最后，我想分享佩奇公关原则。阿瑟·W.佩奇1927—1947年任美国电话电报公司（AT＆T）的公关副总裁，他是商界第一位做到公司最高管理层和进入董事会的公关领头人。他常被誉为"现代企业公关之父",他把公关提到关乎公司生死存亡的战略高度,他的洞见和实践被后来成立的"佩奇协会"总结成七条佩奇公关原则。

我是佩奇公关原则的铁粉,把它们作为自己公关实践的导则。我认为这些原则不仅适用于公关职业,更是关于公司声誉管理的战略考虑,当然同样适用于危机管理。我试着把它们译成中文,并把原文一并附上:

原则1. 讲明实情。(Tell the truth.)

从诚实和善意从发,让公众知道发生了什么;为公众提供符合道德标准的真实写照:公司的特点、价值、主张和行动。

原则2. 以行动证明。(Prove it with action.)

大众对公司的看法,90%取决于公司做得怎样(行为),10%取决于公司说得如何。

原则3. 认真倾听利益相关方。(Listen to stakeholders.)

为了公司的利益,要了解公众的所想所需,提倡和所有利益相关方沟通。让决策者和员工知晓利益相关方对公司的产品、政策和做法的反应。通过包容性对话和广泛的利益相关方沟通来达到有效倾听。

原则4. 心系明天。(Manage for tomorrow.)

预期公众的反应,消除引发困难的做法。建立友好关系。

原则5. 公关关乎整个公司的命运。(Conduct public relations as if the whole enterprise depends on it.)

任何战略的实施,必须考虑其对利益相关方的影响。作为实施管理和制定政策的职能部门,公关部门要鼓励公司的决策、政策和行动充分考虑利益相关方的不同的观点、价值、经验、预期和希望。

原则 6. 员工言行代表了公司的个性。(Realize an enterprise's true character is expressed by its people.)

员工的一言一行都关乎公司的形象，无论是好还是坏。因此，每一位员工，无论是在职的还是退休的，都在做公关。公司的沟通部门有责任倡导尊重员工，推广多元化和包容的文化，支持员工的能力发展，让员工成为面向客户、朋友、股东和大众的公司使者，他们诚实，有知识。

原则 7. 不失平和、耐心和幽默。(Remain calm, patient and good-humored.)

公关成功的关键是持之以恒、有理有节地关注信息和利益相关方。一旦危机发生，切记，冷静的头脑是实现最佳沟通的前提。

第二篇

成长：国际视野的形成

第四章
国际沟通与对外关系

第一次外派到伦敦总部与第一份国际报告

2000年10月,我被派往伦敦总部工作。那天在去机场的路上,我还通过电话跟我们的南海项目合作伙伴确认合资企业成立的新闻稿,之后到机场把手机交给公司的司机师傅,才算是交接完了北京的工作,便登机去伦敦。

我在那个淅淅沥沥下着雨的周末到了已入初冬的伦敦,然后周一就去了位于泰晤士河南岸的伦敦总部办公室,开始了我在伦敦的外派工作,这也是我第一次被派往海外工作。我所去的是总部的对外事务部。说实话,去之前我其实对这个部门了解不多,只知道是负责整个集团跟外部重要利益相关方,比如联合国、欧盟,还有一些社会组织的沟通,听上去是个很酷的工作。那时的沟通不像现在这样方便和无国界感,随时可在Skype或Teams上和世界各地的同事沟通。就像我刚进入壳牌时不怎么知道公共事务是什么一样,我就这样走进了总部办公室。

我的老板是一个很酷的英国老头,叫RA。简短的介绍之后,他就看着我笑眯眯地说:"你听说过《全球契约》(Global Compact)和《全球苏利文原则》(Global Sullivan Principles)吗?"我一头雾水。他看着我疑惑的样子也没多理会,依旧笑眯眯地说"没关系",接着说:"集团是这两个国际契约的发起者,它们都刚签不久,明年(2001年)的二三月份就要提交报告,针对契约中的条款如何实施进行说明。"接着他就给了我一大摞材料,说让我执笔这两个报告,同时说"有事可以随时讨论"。这就是我到总部上班的第一天,确切地说是第一个上午,而我就领了这么大的一个任务,感觉自己一下子掉到了泰晤士河里。

既来之,则安之,那就为这两份报告做准备吧!看完老板给的材料,我才了解到其实这是两个很有名的契约。在20世纪90年代末期的可持续发展框架下,这两个契约都事关人权、劳工和供应链等方面的问题,探讨如何公平、透明地对待和解决这些问题。类似今天《巴黎协定》和气候变化的关系。那我们要如何报告呢?这两个契约签署不久,没有样本或先例可以参照。之前两年,集团已经有了可持续发展报告,也就是说,我们有很多可持续发展实践和案例,但并不等于把现有的报告附上就可以了事,因为两个契约有一些具体的条款需要报告。RA给了我几个业务同事和负责集团可持续发展及其相关议题的同事的名字,就放手让我准备报告了。这些就是我所有的已知信息,包括中间的圣诞节假期,在不到两个月的时间内要交两份报告,我还真有点儿忐忑不安。

领了任务后,我花了不少时间查找《全球契约》和《全球苏利文原则》的相关资料,认真研究了两个契约,了解它们的重点条款,记笔记,再对照已经发布的集团可持续发展报告。我发现我们有很多好的例子，如有关赋能社区的例子、和利益相关方一起探讨如何解决当地社区问题的例子等。年底正好是准备可持续发展报告的紧张阶段，可持续发展报告一般都是在第二年的四五月份发布。可是我准备的报告要在二三月份提交，所以还不能把没有披露的信息提前透露出去，时间节点是个问题。我建议把已经披露的信息重新组织，再增加一些最近的实例。老板认可了这个方向。

在这期间，我就类似于一名内部记者，在总部大楼里采访集团可持续发展报告工作组、有关案例的业务部门和职能部门的同事。在采访和讨论前，我阅读每个案例的报告，准备问题。讨论过后我"趁热打铁"，一般不超过两天就把初稿写好，发出去征求反馈。其中有一两个案例还需要法务同事过目。我差不多每隔一周就向老板汇报一次进展，汇报时间也是老板给我答疑解惑的时间。RA对工作进度很满意，还反馈了一两位我采访过的大佬对我的评价，他们觉得我上手挺快的。这时我心里才踏实了些。其实我一开始挺紧张的，虽然在中国我已是带领两个小团队的经理，可这是我第一次在总部"领衔主导"一个项目，不但没有团队，而且任何一位共事的同事都比我资历深、级别高；另外，在总部大楼20层以上的集团职能部门中，我当时可是唯一的一位亚洲女性，是少数中的少数。

经过了两三个月紧锣密鼓的准备，最终在2001年1月需要提交给联合国全球契约组织的报告成稿了。RA看完几乎没做什么改动，他还特别放权，让我为当时的壳牌全球CEO司徒慕德先生（Mark Moody-Stuart）起草一封给联合国全球契约组织的信函。一切准备就绪，他让我直接发给楼上的 CEO。我在总部的 21 楼办公，CEO 和董事在 24 楼办公。发完邮件之后的当天下午，司徒慕德先生就从楼上下来，拿着那封我起草的信函到我办公室，他说写得很好，然后指出一两处问题，其中一处是 staff 这个词不用加 s，他还说"我以前在马来西亚工作过，知道亚洲同事常常会有这方面的混淆，不是大问题"。我在电脑上改完打印出来后，他就随即签了。

几个星期之后，从联合国全球契约组织处知道我们是全球签约公司中第一个提交报告的。2001 年 5 月，联合国全球契约组织在伦敦举办了第一个年会，我写的报告和案例还作为范例在年会上做了分享。

回头看这一段我"感觉掉到河里"的经历，很感谢老板 RA 的信任和放手，以及在关键节点的指导。对于我这个初来乍到的总部新人，同事们不遗余力地帮助我。我当时年轻，有着"不知者无畏"的劲头，上班第一天就敢接一个自己一无所知的任务，而不懂就问、不断沟通则是我完成任务的关键。

小建议，大作用

完成总部给的第一个重要任务之后，老板看到这个活我干得还算漂亮，就陆陆续续把一些对外关系工作交给我，让我负责人权相关议题以及与利益相关方的沟通。比如通过和一些社会组织的经常性沟通、对话，我了解了它们对人权问题的看法、关注的角度，同时对相关议题进行监测、分析。这些信息可以帮助公司了解外部对公司的期望，在商业决策中考虑各种期望和挑战，以做出应对。

这份工作要求参加很多外部会议，我们和亚洲开发银行、亚太经合组织（APEC）、伦敦和华盛顿的社会组织、欧盟的相关机构经常会面。我们每次去都扛着大包小包的资料，比如我们的可持续发展报告、集团年报，还有关于各种议题的小册子。经历了一两次这样的扛包出差后，我觉得不是很有效，甚至有时候资料还带不够。2001年初，我们的亚洲之旅结束后，我就向老板建议把我们所有的相关信息刻在一张CD上，并设计了封面，叫《壳牌的可持续发展框架》。当时我们大部门的领导，后来的集团执委会（EC）成员马博德（Malcolm Brinded）有一次在办公室走廊碰到我，竖着大拇指说"那张CD太棒了"，他刚刚从外面参会回来，CD颇受与会方的称赞，他们也不用来回背一大堆资料了。在今天看起来，那真不算什么，可当时那就是电子化的解决方案。作为老兵团中的新战士，我提出了一个简单可行的做法，不仅被采纳，还受到了赞许。

其间，RA还让我和设在巴黎的商务社会责任国际协会（Business for Social Responsibility，BSR）一起做一个项目，BSR是商业可持续发展方面的社会组织和智库，我和BSR的阿伦·克里默（Aron Cramer）一起制作了一个有关人权问题的培训案例集——把一些人权相关案例编辑成册，用于内外部培训。同样，这又是一个有学习、有成长、有意思的项目。克里默后来成为商业可持续发展方面的一个大咖，领导BSR在全球的发展。

和利益相关方沟通，倾听对方的看法、建议，是公共事务的重要工作内容。20多年前在总部工作不仅让我有了与国际机构和社会组织打交道的第一手经验，还让我有幸能和有丰富经验的老板和同事共事，在他们的指导和帮助下成长，更让我有幸看到在和各方的沟通中"诚实、正直、尊重他人"的壳牌价值的体现。我们虽然各执己见，但仍然可以坐下来心平气和地、理性地沟通。

对外关系：利益相关方和影响者

2019年8月19日，美国181家顶级公司的CEO重构了公司宗旨，从为股东利益最大化负责到为客户、员工、经销商和所在社区创造价值。这在商界引起了一波讨论，使得股东和利益相关方成为讨论的焦点。

在英文中，股东（shareholder）和利益相关方（stakeholder）的前缀不同。股东是持有上市公司股票的人、团体或机构，利益相关方泛指所有对公司有利益关系和感兴趣的人，比如客户、员工、社区等，而且他们对公司的兴趣远不只公司的财务业绩。

有意思的是，最早设定于20世纪70年代的"壳牌商业宗旨"规定了壳牌对以下群体的责任：股东、客户、员工、合作伙伴和社会。自20世纪90年代中期以来，壳牌开始可持续发展之旅，利益相关方就是公司决策的重要考量因素。与利益相关方建立信任是实现商业成功的基础，因此也是公共事务团队的核心能力所在。我们经历了各种成功和失败，总结了很多利益相关方管理模型和工具，比如八步利益相关方管理模型（8-Step Stakeholder Management Model）涉及如何识别利益相关方，如何分析、分类，如何评估他们的影响力，他们的观点是否和公司的一致，他们现在对我们有什么看法，我们通过沟通期望达到什么目标（从 A 点到 B 点），等等。

这些分析流程和工具在很多书中可以找到，因此我更想分享的是如何和利益相关方建立信任关系，这包括一些亲身经历、体会和感悟。

在壳牌工作的这 20 多年，回顾和利益相关方的关系，我最真切的感悟是，要花时间去建立长期的信任关系。这种关系一方面体现为公司和利益相关方的关系；另一方面也是一种人与人之间的联系，虽然这种个人关系是你代表公司去建立关系时形成的，但这两个层面的关系同等重要。

非营利组织

在不同的章节里，我都提到和媒体、智库以及非营利组织的关系。其中不乏一些例子展现了这些利益相关方从不信任我们到信任我们的过程。以前面讲到的跟"自然之友"合作为例，对方从开始就有反对的声音和怀疑的态度，但是通过多次接触、开诚布公的沟通，对方看到了我们的诚意，了解了"美境行动"项目的意图，同时了解了公司的理念和想法。更重要的是我们认真听取他们的想法和建议，共同把项目的设计做好，在实施上更是放手让合作伙伴放心干。就这样，我们的合作超过了 10 年，也在个人层面上建立了信任和友谊。国际上，非营利组织对大公司的态度分为支持、中立和反对三类。对于有些非营利组织，无论我们如何沟通都不能改变它们的立场，但也不妨碍我们听取它们的意见。我们就请过国际环保组织"绿色和平"的欧洲领导给全球公关领导团队分享他们对壳牌和能源公司的看法。当然，我们也通过有关咨询公司了解相关非营利组织对社会、环境等各类问题的看法，从而帮助我们设定沟通计划和策略。沟通的目的并非要让所有社会组织和非营利组织赞成公司的做法，这既不现实，也没必要。

媒体

和媒体建立关系不仅仅是发稿、采访，很多"工夫在诗外"。我们通过各种手段和途径增加媒体对公司的了解。

一方面是正式的信息分享，如年报、可持续发展报告等。有段时间，我们还专门做了一份信息季报，把壳牌在全球的业务动态、主要项目等集成一份电子邮件，类似于新闻集锦，发给媒体、合作伙伴等，让它们充分了解公司的发展、一些重大举措，以随时保持和它们的沟通。这一点很重要，常来常往，而不只是有事或者有活动需要报道时才联系。

另一方面是和利益相关方的非正式沟通，在可能的情况下，让他们参与公司的活动。就媒体而言，即使是不需要它们报道的活动，只要公司章程允许，又符合常规做法和习俗，都可以开放给媒体。在中国，1999年我们在北京认养了一片荒山用于植树造林，连续好几年，"壳牌林"植树活动坚持邀请媒体以及社会投资项目的合作伙伴一起参加，逢年过节的联谊庆祝活动等也是如此。

1998年，当时的CEO司徒慕德访华，他的太太Judy随行，Judy是个热心公益的人，她不想只做个游客，参加诸如游览风景名胜、购物等"太太项目"。于是，我们安排Judy参观"自然之友"的会员办的动物保护园，之后Judy和几位热心环保和公益的女记者一起用餐，她们从女性话题谈到环保、公益，相谈甚欢。这样的安排也让记者们从另一个侧面了解壳牌，其中就包括壳牌人和壳牌的价值观。

意见领袖

意见领袖也是重要的利益相关方，用现在的流行语来讲就是各界的大咖，比如能源、可持续发展、环保等领域的专家。他们可能来自政府部门，也可能来自一些研究机构或智库，或者非营利组织。和这些大咖关系的建立，是基于对共同议题的兴趣和洞见的分享，也包括共同合作项目，以及他们被邀请出席相关活动。但关系的维护也同样要靠持续不断的沟通交流。高层来访时的互动，年报、愿景的发布等都是沟通交流的契机。这种沟通交流同时包括对他们工作的支持，比如他们在研究或项目中需要壳牌的意见、建议或数据，又比如他们到国外调研，需要参观我们的总部或项目，只要是可以公开的我们都尽量满足。

生态环境部宣传教育司曾经要拍一个有关公司和社区沟通的纪录片，不只是采访公司，还要采访社区，我们则设法联系欧洲的相关项目和合作伙伴。这些持续不断的沟通交流让我们能和能源、环保和可持续发展方面的有关专家建立长达十多年的信任关系。这些大咖不仅是我们各市场上的利益相关方，也是集团的利益相关方。壳牌的可持续发展报告工作有个外部评审团，我请过中国和印度的专家作为评审团成员；我们的新能源业务同样有个外部顾问组，中国和印度的专家也名列其中。这种信任关系并不代表利益相关方同意我们所有的做法和想法，但是可以基于信任展开讨论，这有益于我们做出决策。

社区

我们所在的社区也是重要的利益相关方，我们称它为 fenceline community，即我们业务所在地周边也是社区。与社区保持良好沟通是为了取得社会业绩维度相关信息，即要了解我们的业务和项目可能给社区带来怎样的影响，如果有负面影响，要如何规避和管理等。在第二章，我讲了壳牌石化项目有关 8 000 多名村民搬迁、帮助他们恢复生计的故事；同样是在亚洲，我们在菲律宾的马兰帕亚海上天然气项目为当地居民的生计、环保和社区建设做出了多种贡献，尤其是通过和相关机构合作几乎消灭了项目所在地的疟疾这一传染病，不仅和当地居民建立了良好的信任关系，也让项目得以顺利开展。在印度尼西亚，我们通过基线调查发现当地有严重的社区不和问题，作为风险管控的一环，这一信息让业务部门重新考虑项目选址，避免了不必要的日后争端。这些对利益相关方（所在社区）的了解、洞察以及建立起来的关系，为公司创造了良好的运营环境，帮助项目顺利实施或规避风险，也让我们公司成为受欢迎的"邻居"。

网红

由于社交媒体的兴起，最近这几年我们开始和网红建立关系。这些网红有些是以前的线下媒体人，或一些领域的专家和意见领袖。2019 年我们在吉隆坡举办"壳牌汽车环保马拉松"时就请来了马来西亚原来的汽车媒体著名记者，也是现在的网红。在中国和印度的"壳"动未来活动中，我们也和年轻的网红合作。

2018年在中国西安第一次做"壳"动未来活动时，中国公关团队非常有远见、有创意地请到了两个网红新星，他们和我们的品牌推广活动"壳"动未来以及"壳牌汽车环保马拉松"的主题和受众非常贴合，他们创新、有活力。他们的到来吸引了众多粉丝同他们在线上、线下互动。我还被拽去和他们搭档，从西安（2018年）到吉隆坡（2019年）再到北京（2019年），为"壳"动未来和"壳牌汽车环保马拉松""打call"站台。也是在这样的合作中，年轻网红的专业和敬业给我留下了深刻的印象。他们长于创意，善于利用事件/活动，传递品牌所需的情绪，让品牌更加贴近目标受众。由于疫情，"壳牌汽车环保马拉松"在2020年转为线上举行，在全球包括中国，都有网红的参与。虽然是不同的利益相关方，但和网红建立互相信任的合作关系依然是基于相同或类似的价值取向和认同。

对外关系：参与外部和业界的活动

这里聊的话题的英文是 external representation，指参与公司以外的机构和活动。它有两个层面的含义：一是代表公司参与相关机构的活动或成为其会员；二是从专业和职业的角度，参与相关协会或活动。在我的公关职业生涯中，我曾在不同阶段代表公司或从职业发展的角度，加入了一些机构，这对我的工作和成长都有不同程度的帮助。

从公司的角度，壳牌集团是"世界可持续发展工商理事会"

(WBCSD)的全球成员,而在中国则是"中国可持续发展工商理事会"(CBCSD)的创始会员。我从总部回到中国的时候,正是CBCSD成立和成长的阶段。我有幸代表壳牌(中国)积极参与和见证了CBCSD的发展壮大。当时壳牌(中国)主席林浩光先生特别注重培养本土员工,他全权授权让我代表他参加CBCSD的理事会议,而按规定,只有公司一把手才能参加。就这样,我有机会和其他理事成员公司的一把手一道积极支持和影响CBCSD的发展方向。记得当时有帝斯曼(DSM)的蒋先生、巴斯夫的关先生、CBCSD的ZQ秘书长,我们一道推动可持续发展在中国商界的实践,一起商议每年的计划和议程,一起主办各种活动,吸引更多的公司加入,同时也分享壳牌集团和壳牌(中国)的可持续发展实践经验。

2009年WBCSD在中国召开了全球年会。为此,作为WBCSD的全球成员和CBCSD的创始会员,我们还积极协助WBCSD吸引中国国企加入WBCSD。节能减排是当时一个很重要的主题,壳牌(中国)和集团一道,积极推荐相关央企。我当时帮助WBCSD的主席比约恩·斯迪格森(Bjorn Stigson)先生给中远、中粮、中国建材等公司写信,邀请它们参与北京的年会,并邀请它们加入WBCSD。能在中国高速发展和壳牌在中国高速发展的时期,积极实践壳牌的可持续发展理念,并能和志同道合的商界领袖参与和推动中国商界的可持续发展,何其幸运!

另外,我还代表公司加入中国欧盟商会的能源工作组,工作组由能源产业链上的欧洲公司组成,工作组定期分享和讨论能源话题,关注中国能源产业政策,最重要的一个产出是每年的白皮书,就共同关注的能源政策问题向相关部门提交建议。这样的行业工作组是对各公司单独和政府沟通相关议题的补充，同时也是资源和信息共享的平台。

从职业发展的角度看，我很早就加入了中国国际公共关系协会（CIPRA），协会推动公共关系作为一种职业在中国的发展。在20世纪90年代末，这还是一个前沿话题。对于把公共关系作为一个职业，人们还没有形成更多和更深刻的认识。国际关系学院的GHM是中国公共关系研究方面的领先者，他有很多学生是当时中国公共关系的最早实践者。他老师也是协会的理事，积极推动公共关系职业标准的制定。那时我有幸作为为数不多的外企从业者参与到这一讨论中。当时自己入行不久，因为公司提供的入职培训和实践机会，我对公共关系有些粗浅的认识。能和中国公共关系界的前辈一起参与早期公共关系职业标准的制定，对我来说当然是很好的学习机会，我也因此和CIPRA结下了不解之缘。我还积极参与CIPRA的公关最佳案例大赛并获奖。

2005年我从总部回到中国之后，和CIPRA再续前缘。在当时的会长郑砚农先生的领导下，协会更加有序地开展了更多的活动。郑先生建立了一系列不同的工作委员会，我很荣幸当选第一届企业工作委员会的主任，这个委员会由各公司的公关从业者组成，大都是外企的公关经理。这个委员会的职能是积极推动最佳公关实践的分享，对年轻人进行培训。其间，爱德曼的年度信任度报告大会是和CIPRA一起举办的。这个委员会还推动可持续发展和企业公民的有关议题，我们做了一份白皮书并将其作为提案，提交给2010年的全国人大。从当年参加公关最佳案例大赛，到成为大赛的评审团成员，这项有意义的工作也让我结识了各大公司的公关同行，他们可都是公共行业里的大咖，比如李曦、商容、李国威、梁启春等，后来我和他们都成了同行好友，至今还保持联络。

我积极参与的另一个专业机构是亚洲公关中心（ACCPA），该机构主要从事公关能力培训、召集高层圆桌会议和提供咨询。在我负责大中华区公共事务时，我多次参加了该机构在北京和香港召开的公关高层圆桌会，也被邀请作为演讲嘉宾对其进行培训讲过危机管理等。在管理亚太区公共事务时，我派同事参加过ACCPA的培训，也邀请ACCPA给新入职的经理们做过专题培训，并和其他公司一起做过联合培训，这让我的新队员，尤其是刚上任的各市场公关负责人有机会快速系统地学习相关职业技能，并有机会和其他公司的同行一起交流。

自2013年起，我还被邀请作为亚洲公关（PR Asia）年度"金标奖"（Gold Standard Award）的评委，这虽然需要额外付出时间，但也是学习的机会，是结交同行以及和同行一起工作的机会。当然，我们也多次获得"金标奖"。

2019年，我成为英国市场营销协会（The Marketing Society）的新加坡董事之一。市场营销协会为市场营销、品牌沟通和公关人员提供沟通交流和学习的平台，实行会员制，董事均为各公司的营销或公关负责人。市场营销协会定期举办论坛、讲座和年度主题大会，以提升行业素质和提高行业水准。自2020年以来的一年多，由于疫情，该组织更是打破国界限制，举办了各种线上活动。作为新加坡董事之一，我多次参与全球线上讨论，与同行们探讨最前沿的专业问题，分享应对疫情的实践和感悟。

作为行业领导者,除了培养自己的团队外,我还承担起辅导公关同行和年轻人的责任。在疫情期间,我参与了 Prospect 的辅导项目(mentoring programme)和 ACCPA 的同级辅导(peer coaching)。我坚信"给予即得到",在为他人辅导的同时,我也学习了不同行业所面临的挑战和困惑,拓展了自己的视野和丰富了自己的视角。

作为公关职业人,我们的职责之一是"由外及里"(bring outside in)和"由里及外"(bring inside out),有多种途径和手段可实现这些,而建立广泛的网络和关系是重要途径之一。无论是代表公司还是以个人职业身份参与相关行会,对所服务的公司品牌和个人成长,都有益处。

小结

与利益相关方沟通并建立信任关系

2019 年,可持续发展方面的智库 BSR 发布了《利益相关方报告(2019)》,这是对 2011 年第一份报告的更新,其中,2019 年版报告指出了大环境的变化,一方面是诸如竞争、创新、技术的变化,另一方面是整个社会从政府、商界到媒体面临着领导和信任危机。2011 年版报告发布时,报告指出和利益相关方的沟通是风险管控的一部分,而 2019 年版报告则强调,公司的核心价值和创新的沟通方式是建立信任和共识的关键。

基于 20 多年的学习和实践，我对此表示赞同！和利益相关方建立信任和共识并不需要太高深的技术，但的确需要了解大的宏观环境，如社会和利益相关方对公司的期望变化；需要倾听，需要不断地沟通和合作。建立任何好的关系，都需要真诚和时间投入，和利益相关方建立信任和共识也不例外。

有关信任

信任是建立长久关系的基石，无论是就哪类利益相关方而言，如客户、员工、政府、媒体或社区等。赢得值得信赖的关系源于行动和沟通这样的双重行为。我经常引用咨询公司 The Trusted Aolvisor 创始人 查尔斯·格林的信任公式：

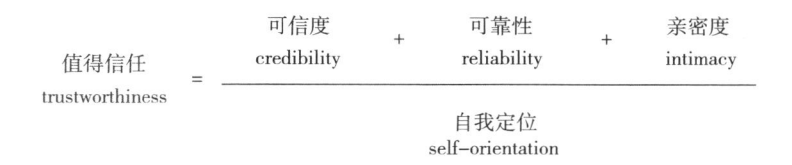

$$\text{值得信任 trustworthiness} = \frac{\text{可信度 credibility} + \text{可靠性 reliability} + \text{亲密度 intimacy}}{\text{自我定位 self-orientation}}$$

格林将信任定义为同时"给予"和"赢得"，你信任他人，同时赢得他人的信任，从而形成值得信赖的关系。决定这一关系的四个因素包括两类：

（1）作为分子的可信度、可靠性和亲密度。可信度由个体的能力、知识、洞见等组成；可靠性是言而有信、说到做到，是持续的可信赖的行为。这两个维度比较理性，类似于"硬核"指标，容易衡量。亲密度则是相对感性的维度，指情感上觉得可以安全地与对方分享信息，涉及情商、同理心、示弱等。

（2）作为分母的"自我定位"。和亲密度一样，"自我定位"是相对感性的，但也容易识别。与人交往时，我们可以很快判断一个人是否自私和自我，这不是有关对错的判断，但在建立可信任的关系中，它决定了值得信任的程度。

格林的信任公式着重讲述了人与人之间的信任关系建立，我认为它同样适用于组织与其利益相关方的信任关系建立。公关人代表公司与利益相关方沟通，公关人和公司其他人的行为是利益相关方判断公司是否值得信任的角度之一。正如佩奇公关原则提到的："大众对公司的看法，90%取决于公司做得怎样（行为），10%取决于公司说得如何。"

除了上述信任公式，格林还提出了"信任原则"：一是关注他人，真诚地行事，而非为了达到某种目的而为之；二是合作，真正的合作是为了达到更好的效果，需要有共同的目标和行为准则；三是关注长远关系，而非短期交易式的关系；四是透明，透明让关系更容易建立，也更容易加强，提高可信度，降低自我的程度，从而促成可信赖的关系。

我在和团队分享格林的信任公式时，还增加了我自己的三个感悟，我称之为3R：

（1）建立关系（relationship）。

（2）持续沟通，产生共鸣（relating）。

（3）关注相关性（relevance）。

和利益相关方建立关系，无论是个体还是组织，首先要做好功课，了解对方的需求、兴趣/关注点，以开放的心态倾听；保持常来常往，互通有无，真诚对待，说到做到——重要的是，做不到或不能做的要开诚布公地沟通清楚；沟通中的相关性是指有的放矢，在倾听的基础上了解对方的需求，提供相关的信息和支持，即使并非直接有助于你或公司的当下业务，这也就是格林所说的关注建立长远的可信任关系。

有关信任，国际著名公关公司爱德曼自2001年起，每年发布《爱德曼全球信任度调查报告》（也称"爱德曼信任度晴雨表"），截至2022年已发布了22年。爱德曼每年都会在达沃斯世界经济论坛开幕期间发布反映世界各国民众对包括政府、媒体、企业、社会组织等各类机构的信任指数报告。2022年1月其在世界经济论坛期间发布的调查报告囊括了针对全球28个国家、超过36 000份网络调查问卷的统计结果，并保证每个国家至少有超过1 150份问卷样本。2022年发布的《爱德曼全球信任度调查报告》的十大重点包括：

（1）不信任是大众的基本情绪，仅六成受访者表示除非看到可信任的证据，否则他们首选不信任为出发点。

（2）在四大类机构中，商业企业最受信任（61%），其他三类依次为非政府机构（59%）、政府（52%）和媒体（50%）；雇员对雇主的信任度达77%。

（3）政府和媒体被认为最不可信任，同时被认为使得社会割裂加剧。

（4）各消息源的信任度较低，搜索引擎为59%，传统媒体为53%，自有媒体为47%，社交媒体仅为37%。

（5）大众对假新闻的担忧达到历史高点，为76%。

（6）对民主的信任崩塌，大多数民主国家的大众对被调查机构的信任度还不到50%，在美国只有43%；且多数发达国家的民众认为他们的生活在5年后不会更好。

（7）社会担忧加剧，85%的受访者担心失业，75%的受访者担忧气候变化，这反映了民众担心社会领导者无法提供解决方案。

（8）期待商业企业有更多的担当，商业企业在能力和操守方面的表现均优于政府，分别高出53个百分点和26个百分点；民众希望商业企业在气候变化、经济不平等、劳工技能和可信任信息方面发挥更大作用。

（9）社会担当成为商业企业的核心作用，60%的雇员希望公司的CEO就他们关心的问题发声，80%的民众希望商业企业的CEO与利益相关方讨论有关公共政策的问题，或谈论其公司如何做有益于社会的事；人们希望CEO能够影响工作和经济（76%）、薪酬（73%）、技术和自动化（74%）以及全球变暖和气候变化（68%）等相关领域的政策制定。

（10）大众还期待商业企业助力打破僵局即不信任的环路，在每个问题上，人们都期待商业企业进行更多的沟通。比如就气候变化而言，52%的人认为商业企业做得还不够，只有9%的人认为商业企业做多了。人们对商业企业的期望和应扮演角色的认知比任何时候都更清晰。

看完这一调查报告，我最大的感触是我们处在一个"信任危机"时代。调查报告显示，公众把解决这一危机的砝码重重地压在了商业企业这一边，也就是公众对企业的期望值达到了一个从未有过的高度。如何应对这么多的问题？一时很难给出答案。作为佩奇公关原则的铁粉，我觉得佩奇公关原则或许能给商界领袖，包括公关人，提供一些解决之道和智慧。

· 以行动证明：大众对公司的看法，90%取决于公司做得怎样（行为），10%取决于公司说得如何

· 认真倾听利益相关方：为了公司的利益，要了解公众的所想所需，提倡和所有利益相关方沟通。让决策者和员工知晓利益相关方对公司的产品、政策和做法的反应。通过包容性对话和广泛的利益相关方沟通来达到有效倾听。

· 心系明天：预期公众的反映，消除引发困难的做法。建立友好关系。

· 公关关乎整个公司的命运：任何战略的实施，必须考虑其对利益相关方的影响。作为实施管理和制定政策的职能部门，公关部门要鼓励公司的决策、政策和行动充分考虑利益相关方的不同的观点、价值、经验、预期和希望。

· 员工言行代表了公司的个性：员工的一言一行都关乎公司的形象，无论是好还是坏。因此，每一位员工，无论是在职的还是退休的，都在做公关。公司的沟通部门有责任倡导尊重员工，推广多元化和包容的文化，支持员工的能力发展，让员工成为面向客户、朋友、股东和大众的公司使者，他们诚实，有知识。

附录 利益相关方的分类

有关利益相关方，我们在实践中总结了一份清单，这样的清单可以帮助相关管理层和公关人做好对利益相关方的识别和分析。清

单并不能涵盖所有利益相关方,它们因行业、地域不同而不同,这里只是举例说明,见表 4-1。

表 4-1 利益相关方举例说明

政府	国际机构/政府间沟通	社会组织	商界	媒体	学术界	财经界	当地(业务/项目所在地)	内部
·中央政府/州政府/当地政府 ·各部门/委员会 ·反对派/少数派 ·政策制定部门 ·行业监管部门	·世界银行/国际货币基金组织 ·世贸组织 ·联合国其他机构 ·欧盟 ·大使馆/外交人员	·环境类 ·可持续发展类 ·人权类 ·单一兴趣类 ·开发/援助/急救机构 ·治理 ·行会 ·宗教 ·社区社团	·供应商/客户/分销商 ·承包商 ·合资伙伴 ·竞争对手 ·贸易/营销协会 ·咨询服务公司	·当地媒体/全国媒体/国际媒体 ·电视/电台 ·日报/周刊/周末版 ·行业媒体 ·通讯社 ·社交媒体	·大学 ·智囊团 ·科学家 ·意见领袖/专家 ·调研公司 ·委员会	·股东 ·分析师 ·基金经理 ·交易所 ·专业咨询师 ·政策法规制定者	·县、镇组织 ·市长、县长、镇长 ·社区组织 ·学校 ·宗教 ·妇女组织 ·青年组织 ·工会 ·当地协会、行会、联合会等	·公司员工 ·一线员工 ·客服 ·健康、安全、安保、环境(HSSE)部门 ·投资者关系 ·国际事务部/政府关系部 ·相关业务部门等

上述清单并非大而全,旨在提供一个对内外部利益相关方的识别分析框架和思路。公关人可以根据所在行业、所在市场和所针对的问题和话题,进一步调整和细化。识别出利益相关方只是第一步,重要的是如何通过有意义、有建设性和有的放矢的沟通,建立长久的信任关系。

第五章
全球发布:"愿景"之缘

壳牌的愿景(scenario)分析非常有名,壳牌也因愿景报告而著称。壳牌现在的愿景团队起源于1965年成立的一个"长期研究"小组,除了"研究未来",当时并没有特别具体的要求。就是这么一个小组,在1967年提交了一份关于未来的《2000年研究报告》。此后,他们开始了愿景分析,描绘未来的不同可能性。1971年初,他们将关于石油价格的愿景分析提交给了公司最高管理层,而就是这一愿景分析,让壳牌顺利度过了1973年的第一次石油危机。壳牌的愿景分析也因此声名鹊起。

早期,壳牌每隔几年就发布一版愿景报告。愿景不是预测,而是综合各种因素的未来可能性,即给出不止一种可能性。这些愿景描绘的可能性为公司制定业务战略提供了长远的宏观参照,就是说在不同的愿景之下如何应对。愿景不同于年度计划,年度计划多是在"一切照旧"的前提下编制的,愿景则跳出眼前,面向未来,挑战"寻常"思维。20世纪八九十年代,壳牌的愿景相对宏观,看大趋势。有专家评论,基于长远考虑的愿景,壳牌能更敏锐地应对一些重大问题,如气候变化、中国崛起以及美国页岩气革命等。壳牌的愿景方法论被广泛采用。咨询公司贝恩2007年的一项调查显示,"9·11"事件后,有更多公司愿意进行愿景分析,更好地为未来做准备。

我于2000年被派往伦敦工作,年底正好赶上壳牌做新一轮的愿景分析,那年的愿景主题是有关天然气是通向未来的过渡能源。我有机会参与愿景构建的几次重要工作坊。这些工作坊会邀请各个方面的专家学者和各行各业的业界大咖,一起对各种可能影响未来的趋势进行头脑风暴,涵盖社会、经济、环境、政治等诸多领域,涉及能源,还有各种情形下的能源建模。

2001年初,新愿景成形的时候,我的老板RA非常有前瞻性地提出我们应该更广泛地公开分享这一新愿景。之前,我们的愿景除了内部使用外,会应邀跟政府、智库等利益相关方分享,但从未高调地公开发布。RA提出我们应该公开发布,这是我们建立能源意见领袖地位的重要内容。RA让我和愿景部的同事一起负责2001年壳牌愿景的第一次全球发布。

之后我跟着RA与集团几位专家一起,讨论如何进行全球发布。因为是第一次,RA很有智慧地提出,我们需要与外部合作伙伴联合发布。记得是2001年3月,RA从美国出差回来,给了我一个联合国开发计划署(UNDP)工作人员的联系方式,说已和UNDP初步谈好,UNDP可作为我们在美洲发布愿景的合作伙伴。之后我们又确立了和伦敦战略智库国际战略研究所(IISS)在欧洲联合发布。RA让我从对外关系的角度,具体负责和这两个机构的合作,第一次在全球发布壳牌愿景。有关愿景的内容部分,集团愿景部的DM是我的搭档。没想到,多年之后,我们两人又在新加坡有了交集，我负责亚太的公共事务，DM 则负责亚太的政府事务。

2001 年的春天和夏天，我忙着跟这两个机构谈合作发布的具体事宜和计划。不客气地说，大型活动尽显公关人的看家本领。具有挑战性的是，这不只是壳牌自己的活动，一切得商量着来，加上夏天是欧美的传统休假季，时间还是挺紧的。欧美人的一个习惯就是，大事都得提前几个月约定，先放进他们的日常安排中，临近活动的前一两周再次确认，尤其是重要嘉宾。

赶在夏季休假高峰到来之际，我和合作伙伴确定了拟邀人员名单、嘉宾名单，发布会当天的新闻发布细节如采访、流程，等等。同时，我们和愿景部一起准备发布会内容，包括 CEO 的演讲稿、愿景演示稿、愿景报告的正式出版；和媒体部门商量敲定新闻稿、采访准备等。RA 带着我在 CEO 休假前，把在纽约的安排给他仔细地讲了一遍，RA 再次放手，让我主讲，他"兜底"。我讲完后，CEO 看着厚厚一摞资料说，就等休假回来进行全球发布了，还开玩笑说我们给他"留了暑假作业"。

没想到的是，更大的挑战正等着我们。"9·11"事件发生了，而我们和 UNDP 的联合发布会早在夏天之前就定好了 9 月 25 日在纽约举办。9 月 11 日之后，在不到两个星期的时间内，我们和 UNDP 确定活动照常进行，不向恐怖势力低头。

我记得非常清楚，到达纽约的时候，空气中弥漫着悲伤的气氛。其实，被邀请的嘉宾、媒体都没有想到我们会照常举办愿景发布会，但大家面对恐怖势力不愿低头的想法应该是一致的，所以出席率还是挺高的。那天的安排十分紧凑，CEO 讲话，愿景部介绍内容，媒体采访，专家和嘉宾参加午餐会，一切按照计划进行。之后 10 月份在伦敦，我们和 IISS 合作了在欧洲的愿景发布。因为伦敦是总部所在地，不少同事参加了发布会。两场发布会后，CEO 和我们对外关系部的老大都向我竖起了大拇指，我的老板 RA 也非常开心。

今天回过头看 20 多年前的这一全球发布行动，依然觉得那时候我们还是挺有前瞻性的，把自家的"秘密配方"分享出来。现在愿景发布已经成为一种常态，有更多资源、手段，也更有影响力。我和愿景的缘分就是从 2001 年的那场第一次全球发布会开始的。

2009 年壳牌发布了新一版愿景——蓝图和乱象。此时，我已回到中国，担任大中华区的公共事务董事。这次，我在中国组织了最大范围的发布活动。一周内，我们安排了九场有关愿景的沟通会，包括国家发改委和国家能源局领导专场，专家圆桌研讨，国内外媒体专场，三大国有石油企业专场，还有清华和北大的大学生专场以及员工专场。一周内，活动覆盖了 2 000 多人，成为当时全球受众覆盖面最广的愿景沟通行动！中国团队的同事为此做了周密的计划和细致的准备，每场的内容因受众、时间不同而有所不同！这一垂直的深入沟通方式，让政府、能源专家、媒体、能源同行（国有石油企业）、未来的领导者（大学生）和员工对壳牌的愿景有了具体的了解，也强化了壳牌作为能源领头羊的品牌和口碑，这体现在我们一年一度的"声誉调查"结果中。这一调查由壳牌委托第三方调研公司独立进行，记得那年的反馈中就有受访的利益相关方提到"壳牌愿景"。

第五章　全球发布："愿景"之缘

2014 年，我们又一版愿景发布——山峰和海洋，这时我已负责亚太区公共事务。延续了当年在中国的思路，我们在六个国家和不同的合作伙伴举办了多场愿景沟通会。比如在马来西亚，我们和政府合作了一个专场；在新加坡，我们借助当时的第一次世界城市峰会（WCS）做了专场。在泰国和印度尼西亚，我们跟媒体合作，在菲律宾是跟当地的 CEO 高管学院合作。这一轮的愿景沟通，亚洲又拔得头筹。

2021 年初，我们发布了《变革中的能源愿景》(*The Transformation Energy Scenario*)。由于疫情的关系，对外沟通全是在线上进行的。而这次，我们还做了全球员工专场，而我则作为这次员工沟通会的主持人。我再次和愿景团队的负责人 JB 以及他的团队搭档，一个小时之内，在线上和来自全球的 6 000 多名员工分享最新愿景。这次是关于变革中的能源愿景，主要讲能源转型和达到碳中和的路径、挑战和机遇。得益于网络技术，我们在一个小时内的参与人数达到了发布愿景以来 20 年内的人数总和！

《巴黎协定》通过后，2019 年壳牌发布了"天空"愿景，描述了将升温幅度控制在 2℃以内的能源路径的可能性。此时，各国都开始了有关碳达峰、碳中和的探讨。壳牌和主要国家的研究机构合作发布了有关双碳的"天空"愿景。2020 年，我们和印度、马来西亚相关部

2021 年初主持全球员工线上愿景沟通会

门发布了印度版和马来西亚版的"天空"愿景。2022年初（我离开壳牌之后），中国版的"天空"愿景也顺利发布。

我和愿景的缘分首先源于我是愿景报告的铁粉。这种前瞻性的宏观分析对我非常有吸引力；而愿景对壳牌而言的确是其品牌独树一帜的资产，使其成为行业意见领袖。壳牌的愿景团队还帮助合作伙伴或机构构建愿景，比如和文莱、挪威、尼日利亚、阿曼的国有石油企业合作；帮助世界可持续发展工商理事会构建2000—2050年的可持续发展愿景等。

从公关职业和个人成长的角度，有幸在壳牌20多年的愿景发布历程中，从第一次全球发布，到主导在中国和亚太的发布，从个人参与到带领团体一起做，对我来说是一次学习成长之旅。

> **小插曲** 壳牌很注重和年轻一代的沟通和对话，有众多的项目让年轻人参与到构建和影响未来中，比如"壳牌汽车环保马拉松"和"创之道"等项目。2017年，"壳"动未来亚洲品牌嘉年华在新加坡举行，在这次以"壳牌汽车环保马拉松"为主题的品牌嘉年华中，还有许多以创新为主题的其他活动，其中之一就是"创想未来"大学生愿景构建比赛，让大学生们用壳牌愿景分析方法构建未来城市的愿景。参赛团队则有机会学习壳牌愿景分析方法。这一活动在新加坡、泰国和埃及举行，各国的半决赛胜出者将参加地区决赛。由于疫情，2020年和2021年的活动移至线上，2021年仅泰国就有60多个团队、400多名大学生参与。在这一活动中，集团愿景团队的同事们会和参赛团队分享构建愿景的方法和思路，同时还担任指导者和大赛的评委，我们也邀请各国的外部专家

第五章 全球发布："愿景"之缘

2021年为泰国的"创想未来"比赛致开幕辞

学者，如能源、商业方面的专家学者等。2021年初，我还和该项目的负责人CD一起和全球愿景团队以及科技教育领域的社会投资负责人一起探讨将"创想未来"做成全球项目的可能性。尽管离开了壳牌，我依然认为这一项目值得进一步推广，愿景构建比赛可以让年轻人开拓思路、放眼长远，看到各种因素较量下的种种可能性，对年轻人来说这是很好的能力培养机会。

小结

在这一章我分享了我和愿景的缘分，以及如何利用公司独有的这样一种"软性资产"，通过广泛分享和沟通，帮助公司建立在能源领域的意见领袖地位，从而提升公司的品牌知名度和美誉度。20世纪90年代，《哈佛商业评论》上一篇有关公司核心竞争力的文章，让多数公司聚焦成为自己所处行业的"伟大者"或"唯一"，从而让自己在市场中保持竞争力，立于不败之地。同样，从品牌和声誉管理的角度，公司的叙事和内容要深耕公司"伟大"或"唯一"的领域，这些是公司的特质和独有的资产，包括有形的和无形的。

有个在业界广为人知的例子,就是通用电气(GE)2005年的"绿色创想"(Ecomagination)战略。当年GE的CEO杰夫制定了"绿色创想"的商业战略,旨在帮助客户面对环境挑战,促进GE业务稳步增长,在实现公司利润增长目标的同时,致力于对未来的投资,提出解决环保问题的创新方案,为客户提供有价值的产品和服务。GE的数据显示,十年之后,到2015年,"绿色创想"战略已经累计投入170亿美元用于技术研发,共产生了约2 320亿美元的收入,减少了12%的温室气体排放,节约了17%的淡水资源。GE旗下的可再生能源产品覆盖了陆上和海上风电、水电并集中于太阳能发电;同时还拥有全球最为高效的燃气、燃煤发电技术。在实施其业务战略的同时,GE也投入了大量的人力和物力,推广"绿色创想"战略,让主要利益相关方——投资者、业务伙伴、客户、政府、员工——了解这一战略。仅2006年GE就投入了1.5亿美元的广告费,通过电视、网站、社交媒体、纸媒和内部沟通等手段,大力宣传这一战略。所用广告创意也是围绕着GE的核心技术。2009年一则男孩"追"风的广告,甚至获得了该年度的艾美奖提名。该广告描述了男孩把风装进瓶子,带回家用它为爷爷吹生日蜡烛的场景,画外音是"抓住风,用好它——GE风能,地球上最清洁的可再生能源"(Capturing the wind and putting it to good use—Wind Energy from GE, the cleanest renewable energy on earth.)。

除了像上述GE和企业战略直接挂钩的品牌内容推广外,有些企业利用行业特点开展有意义的公益项目,并把它们做成了品牌的亮点。比如全球最大的化妆品品牌之一欧莱雅因其以女性为主题的企业社会责任(CSR)项目而著称,自1998年以来,联合国教科文组织和欧莱雅基金会每年颁发"杰出女科学家奖",以表彰来自世界各地的5位卓越女性科研人员。坚持了20多年的这一项目成为欧莱雅品牌的一部分,当然也为品牌的美誉度加分不少。

在能源界,能和壳牌愿景比肩的是一年一度的《BP能源统计年鉴》。正如其名,它更多的是各类能源的数据统计和展望,和愿景的长期可能性不同,但同样受业界追捧。BP每年在发布时也有大量的内容推广活动。

综观不同的企业利用其特质和资产来提高品牌的美誉度,各企业选择的沟通方式和渠道各有特色。类似于壳牌愿景这样内容翔实、见解深刻的主题可以用不同的方式沟通,主要看目标受众和利益相关方的需求以及沟通的目的。比如面向大众或科普型的,可以是宣讲式的,线下线上都可以;针对专家或小众的,可以是小型沟通会、专题探讨或双向对话的形式,有助于建立更加强有力的深度关系。

第六章
在总部的工作：商业原则和操守

继到伦敦工作之后，我又得到了一个去海牙总部工作的机会。2002年的下半年我加入了总部的国际部，类似于今天的政府事务部或者广义上的对外国际事务部。这个部门的工作按集团执委会成员的地区职责划分。我和我的老板SK（马来西亚人）负责支持马博德先生的工作。马博德先生是全球天然气和发电业务总裁，同时负责亚太区事务。

马博德先生工作的一大块内容是内部年度业务保障流程的管理和沟通。业务保障流程要求每个业务板块和每个市场的公司报告在业务管理和整体的运营中，如何落实《壳牌经营宗旨》中的各项准则，有什么亮点、挑战和问题，外部运营环境有何变化，对我们的业务有什么影响，上一次回顾中的整改进展如何，未来一年会有哪些机会和挑战。每年的一月中旬，各业务板块和每个市场的公司向总部提交相应报告。

简单说一下，《壳牌经营宗旨》这本小册子是壳牌人"行事做人"的导则，它阐明了公司的核心价值，各利益相关方（股东、员工、合作伙伴、所在社区等）的职责，有关大是大非问题的原则,如不提供政治捐款、绝不收受贿赂。它于1976年首次编制,只做过5~6次修改,以反映社会期望的变化。《壳牌经营宗旨》是员工入职培训的必修课,是我们所有商业合同的必要附件,凡是壳牌为其大股东的合资企业都必须遵从。对于1998年的修订,我负责中文版的翻译,这让我对公司宗旨有了字字相识的深刻理解,我向员工或媒体讲述时,曾将其比作壳牌的"宪章"或"圣经"。

我的工作是帮亚太区董事马博德先生分析分处亚太各市场的公司提交的报告,为他和各市场公司一把手的一对一评议会议做准备,做好会议纪要和跟进工作。这个流程从报告提交到所有一对一会议开完,要两三个月的时间。之后,汇总各大区的报告,总结出全球的一些共同问题和趋势,以及好的实践案例。这是内部合规管理的重要环节,也就是今天所说的ESG中的G——公司治理(governance)。这项工作既要求细致严谨又要求具备大局观,参与大区董事和各市场公司一把手的一对一会议,学习大区董事如何提问、发现薄弱环节、提出要求和期望。没想到的是,几年后我回到中国担任大中华区公共事务董事时,壳牌(中国)的业务保障函草拟成了我工作的一部分,总算可以把在总部"审核"的经验用上了。

业务保障流程管理还包括壳牌经营宗旨培训。这不是出于法律角度的合规培训,更多的是有关落实壳牌经营宗旨所面临的挑战而展开的讨论。我们开发了一整套培训,从核心价值入手,到让大家讨论一些"两难"的案例。2003年下半年,我到新加坡、越南、韩国和中国香港等多个市场开展培训,不仅培训员工,同时对我们的合作伙伴和供应商进行培训。在韩国,我们还跟几个商会一起做了行业分享。在这个过程中,我也学到诚实、正直、光明磊落等是不同文化中的共同价值和理念。这样的培训,不只是输出,还有输入,丰富了我们的见识和案例库。

有关合规,我想分享两个小故事。

对媒体说"不"!

1996年,我们在东部沿海的一个城市成立了一个液化石油气(LPG)独资企业。落成典礼当天,很多当地媒体应邀前来。典礼马上就要开始了,当地的电视台记者找到我,说如果要上新闻,得付3 000元。我愣住了,我们是不发布付费新闻的。当时在场的还有10多位当地的其他媒体记者。我说:"很抱歉,我们公司有规定,不发布付费新闻。"电视台的摄像师说:"那我们就走了。"气氛还真有些紧张,我马上就要上台主持典礼了,有些着急,但还是尽量保持平静地说:"如果你们认为我们在开发区的投资有新闻价值,希望你们能留下并报道,但我不能违反原则付费。如果你们真要走,我也不勉强。"说完,我就去忙了。我心里还真有点儿紧张,不知道其他记者会怎样,大部分记者是所在的开发区帮忙请的,我也是第一次和他们见面认识。还好,其他媒体记者都留下来了。典礼后的午餐上,我和记者们坐一桌,相互认识后,等饭吃到一半,我看大家聊得不错,就主动把刚才电视台记者要求付费发布新闻的事提出来,坦承有点儿尴尬。同时,我借机把我们的经营宗旨介绍了一番,说明了新闻和广告分开、不发布付费新闻的原则。大家表示理解。回到北京后,当天参加典礼的一位女记者还给我写了一封信,表示欣赏我的"勇气"和做法。我很感激她的反馈,做正确的事不容易,有人理解就是最大的支持。

其实,有偿宣传涉及公关职业操守问题。1995年,7家国际公关公司和中国环球公关公司联合发表了声明,坚决拒绝向媒体支付宣传费用,但可以报销参加新闻发布会的记者的交通费,当时规定为100元人民币。

我之后带不同的团队,在讲述公司的经营宗旨时,多次分享这件事,同时分享了自己的体会。经营宗旨不仅仅是高大上的原则,只要认同它,它在现实中也可以帮助我们把看似复杂和困难的事情变得简单容易。

内部违规的沟通

另一件事发生在我担任壳牌(中国)公关负责人时,也就是2009年前后。当时,公司的业务部门出现了违反经营宗旨的事件,有销售人员拿了经销商的干股,有采购人员在采购过程中把标给了自家的亲戚而未按要求避嫌和声明利益冲突等。这些同事都按规定被开除了。当时公司的一把手要求从这些事件中学习教训,在员工中展开有关"经营宗旨"和"行为规范"的讨论。我的团队和业务部门一起负责有关沟通资料的准备,为讲述不遵守商业操守的严重后果,我们列举了当时著名的一些商业丑闻事件。在我们把资料提交给大老板时,他很不满意我们对发生在眼前的内部事情"避而不谈",他认为"现身说法"最有力。之后,我们把上述事件做成

"两难"案例(不披露所涉及人员的身份),让大家讨论当遇到不是"非黑即白"的两难问题时该如何选择。那次内部讨论的参与度非常高,正是因为我们是就现实案例展开讨论,而不是说教式的布道。在商业操守方面,公司采取"零"容忍政策,入职培训时有这么一句话:"如果你选择不遵守'经营宗旨',你就选择了不为壳牌工作。"

近年来,公司的合规培训也更加系统,推出了很多不同议题的线上课程,例如有关利益冲突、信息安全等,通过翔实生动的案例,让大家了解公司和外部的相关合规要求;对于处于高风险职位的同事,要求每年参加线下的"行为规范"等培训。每个带团队的经理都会定期收到团队的"业务操守和合规"培训小结表,作为绩效管理的一部分。

现在ESG再次成为热点话题,但其实它早就存在了。针对商业企业的合规要求也因为不合规的丑闻频繁曝出而愈加严格。2001年,美国历史上最大的商业丑闻安然破产事件就是一个著名案例。安然是成立于1930年的一家全球能源公司,总部位于美国,20世纪90年代进入高速增长期,成为华尔街的"宠儿",它的高增长得益于采用的"按市值计价"的会计方法,例如,把预计的产值列为盈利,对产生坏账或亏损的资产则另立账本。这样"创新"的一家公司于2001年破产,当时的资产总额达600多亿美元,它的破产成为当时美国历史上最大的破产案。公司高管,包括首席运营官、首席财务官因作假锒铛入狱。股东们向安然提出了赔偿额高达400亿美元的诉讼。而负责安然审计工作的安达信会计师事务所亦因此失去大批客户而不复存在。安然的倒闭产生了一连串的影响。2002年，美国国会通过了著名的《萨班斯－奥克斯利法案》，旨在更严格地约束上市公司的高管们对财务报表的真实性负责。安然的破产也大大打击了投资者对股市和上市公司的信任。

安然事件也让商业企业看到合规的重要性和必要性，这可能是安然事件的正向影响。安然事件发生后的20年，公司治理成为重要话题，而有关"什么是符合商业道德的？"的讨论也从未中断。

就社会对商业企业的期望而言，遵纪守法是最基本的要求。现实中，企业往往会碰到两难的问题和挑战，而不是"非黑即白"那么简单的判断。随着技术的进步，有关商业道德的抉择也会面临前所未有的挑战。2020年《哈佛商业评论》上的一篇文章讨论了有关商业道德领导力的新模式，其中引入了一个在不久的将来我们可能遇到的挑战情形。未来的自动驾驶车辆一旦发生事故，是选择保护车上乘客还是路上行人？如果车内只有一名乘客，而路上有五名行人，会有不同的选择吗？如果车上只有一名乘客，而路人为一名孕妇，又如何选择？文章没有给出答案，但提出要做出更符合道德的选择，这应该是"总体收益大于总体痛苦"的选择，它建议商业领袖应更"无私"地考虑社会收益，而非只顾企业和眼前的利益。作者称这是一个综合了"哲学思想"和"商业教义"的模式。

近年来，在对合规的讨论中，我们提倡大家在碰到两难的问题时考虑三个核心维度：是否合法合规，是否符合道德，是否明智。合法合规是当下的选择；符合道德是在更大的社会背景下的考虑：

而是否明智还涉及一个时间维度，即在今天能过关，明天（未来）也可以。

我在海牙总部的另一大块工作就是维护我们和外部利益相关方的关系和沟通，这包括政府、商业合作伙伴、智库和各种政策平台。

比如中国的一些重要平台比较有代表性，包括中国环境与发展国际合作委员会（简称国合会），这是于1992年成立的国际性高层政策咨询机构，把国际可持续发展先进理念引入中国，促进中国与国际社会在环境与发展领域的交流与互鉴。

壳牌是为数不多的在20世纪90年代末就成为国合会成员的商业企业，我在北京工作时，每年和政府部门的同事一起安排接待集团领导参会。而在海牙，则是为领导的参会做准备，涉及演讲稿、议题简报和与其他参会者的互动、会议之外的其他安排。议题简报是最有意思的一个环节，每年的主题不同，不仅要了解大会的要求，还要了解壳牌能为这个议题带来的视角、见解或贡献。如果是关于智慧城市，那从能源的角度如何献计献策，在世界其他地方我们做过什么，可有借鉴意义？如果是关于生物多样性，那又有一些什么样的壳牌主张或建议？一个议题可以拓展很广，经常需要和不同部门的同事沟通和合作。当然，在这个过程中还要了解大区董事对参加国合会会议的期望，不只是准备他想要的，还包括积极建议重要的议题，需要进一步沟通的利益相关方以及他们关注的话题。

除了参与国合会，壳牌还出席年度发展中国论坛（CDF），也是广东省人民政府和上海市人民政府的国际顾问，同样每年的年会也要做类似的准备。

借着这些机会，壳牌一方面为中国的快速发展和可持续发展献计献策；另一方面也给了壳牌一个平台去沟通分享和发挥影响，比如壳牌能源愿景。当然，这些也是很好的建立关系网络的平台，参会者中有许多其他行业的领导者，比如说在智慧城市这样一个话题下，就可能会和科技公司、城市规划公司和地产行业有交集。

在伦敦总部和海牙总部的经历，拓宽了我的全球视野，使我理解了国际企业面临的各种挑战的复杂性，以及在全球决策中既要有普遍指导意义，又要灵活兼顾当地的需要。这帮助我在之后的工作中把握全球与当地的平衡，找到最大化公司的业务发展和品牌收益的点。面对每一份工作中的挑战都是有效学习和进步最快的时期，尽管当时觉得艰难，但成长之后的快乐让这些挣扎很值得。

这份工作是一次很好的培训。当然，不只是学习，我也得做出贡献，比如积极提出建议、想法和做法，从利益相关方沟通到一些会议的安排部署，所以自己在组织能力、相关议题和利益相关方等方面要有整体的思考和了解。

小插曲 每隔18个月或两年，大区的董事都要召开一次全区的"各公司主席大会"，把分处各个市场的公司的一把手、大区的各业务板块和职能部门的负责人及总部和大区相关的领导召集到一起。这种大会既要务实也要务虚，实的是对业务表现的讨论，互相学习经验教训，虚的是对宏观外部观察的观点分享。

很重要的务实部分还包括商业操守和有关健康、安全、安保和环境（HSSE）的讨论，让高层领导分享他们面临的挑战和两难问题。短短两三天，日程很满，还要考虑诸多其他因素，如各一把手的资质级别不一样，不能人人都发言，但要兼顾人人参与的可能。会议还有犒劳和团建的性质，允许高管带配偶，因此还得安排高管配偶的日程。作为总协调，真得上得厅堂、下得厨房，既要安排好正式的会议日程，还得保证高管配偶玩得开心。和主办公司的合作非常重要。2003年初，我负责的"各公司主席大会"在泰国曼谷举办，壳牌（泰国）的同事很配合，对于会前的多次沟通都按要求执行，落地事宜也井然有序。会后，当时的壳牌（澳大利亚）主席TW（有30多年经验的老壳牌人）对我说"这是我这几年参加过的最好的主席大会"，我长长地舒了一口气。

小结

在这一章我讲了在海牙总部工作时的经历和故事，聊了有关商业操守的问题。那什么是商业操守？网络上有很多答案，高频词有：合法、责任、正直、尊重、值得信赖、公平公正、透明等。

首先，从公司的角度讲，ESG就是商业企业的总体责任，对社会、环境负责，让公司良好运营，不仅今天创造价值，还需未雨绸缪，为未来做好准备。

公司的声誉和品牌形象不仅取决于公司做什么（产品、服务），也取决于如何做（行为准则）和为什么而做（初心、目的）。我喜欢的一个有关品牌和声誉的定义如是说："品牌是一种承诺，声誉是对承诺的兑现。"

著名的投资大亨巴菲特特别重视诚实和公司声誉，他每年在给公司高管的信中和在股东大会上的发言都会提到商业操守和道德问题。

《财富》杂志每年请4 000名高管、董事和证券分析师分别列出自己最欣赏的公司，然后评选出最受赞赏的全球500强。巴菲特管理的伯克希尔哈撒韦在最受赞赏的全球500强榜单上经常排在前15名。2015年排名第三，仅次于苹果和谷歌。可以说伯克希尔哈撒韦一直是全球最受赞赏的金融企业。巴菲特非常珍惜这个荣誉，他在2008年这么说："《财富》杂志评选伯克希尔哈撒韦为世界第二最受赞赏的企业。我们用了43年才取得了这样的声誉，但是我们可能只需花43分钟就能摧毁这个声誉。"这里分享他几句有关声誉的经典名言：

（1）我们可以忍受损失金钱——哪怕损失很多也没关系，但是我们不能忍受损失声誉——哪怕损失很小也不行。

（2）要建立良好的声誉，需要20年，但要毁掉良好的声誉，只需要5分钟。明白了这一点，你为人处事就会有很大的不同。

（3）不能光明正大登上报纸头版的事，就是会破坏公司声誉的事。

可见，对于这个世界最成功的投资人来讲，真正的最大财富不是金钱，而是伯克希尔哈撒韦的声誉。这是他用一生的时间创建起来的最宝贵资产，而支撑这一声誉的基石是诚信的价值观。巴菲特多次提道："我们雇用人时，看三点：智力，创新力或能量满满，诚信。如果没有最后这一素质，前两个能力能毁了你，因为如果你招到一个没有诚信的人，你宁愿他懒惰和笨拙。"

其次，从公关职业和公关人的角度讲，我们是声誉的守门员，我们帮助公司建立、维护和提高品牌的知名度和美誉度。我还是推荐佩奇公关原则，仅供大家思考。

（1）讲明实情：从诚实和善意从发，让公众知道发生了什么；为公众提供符合道德标准的真实写照：公司的特点、价值、主张和行动。

（2）以行动证明：大众对公司的看法，90%取决于公司做得怎样（行为），10%取决于公司说得如何。

（3）认真倾听利益相关方：为了公司的利益，要了解公众的所想所需，提倡和所有利益相关方沟通。让决策者和员工知晓利益相关方对公司的产品、政策和做法的反应。通过包容性对话和广泛的利益相关方沟通来达到有效倾听。

（4）心系明天：预期公众的反映，消除引发困难的做法。建立友好关系。

（5）公关关乎整个公司的命运：任何战略的实施，必须考虑其对利益相关方的影响。作为实施管理和制定政策的职能部门，公关部门要鼓励公司的决策、政策和行动充分考虑利益相关方的不同的观点、价值、经验、预期和希望。

（6）员工言行代表了公司的个性：员工的一言一行都关乎公司的形象，无论是好还是坏。因此，每一位员工，无论是在职的还是退休的，都在做公关。公司的沟通部门有责任倡导尊重员工，推广多元化和包容的文化，支持员工的能力发展，让员工成为面向客户、朋友、股东和面向大众的公司使者,他们诚实,有知识。

无独有偶,会计师这一职业也有行业倡导的职业操守。例如,有着160多年历史的苏格兰特许会计师公会(ICAS)要求其会员遵守"7条职业操守金规":

(1)做有职业操守的领导者(Be an ethical leader)。

(2)利用道德勇气(Use moral courage)。

(3)考虑个人和职业的声誉(Consider personal and professional reputation)。

(4)"上梁正"(Set the right tone at the top)。

(5)秉持"打破砂锅问到底"的思维(Maintain an inquiring mindset)。

(6)考虑公众的利益(Consider the public interest)。

(7)考虑"正确、良好、道德高尚的"行为(Consider 'the right, the good and the virtuous' actions)。

ICAS还推出了详细的导则,其中如何面对"两难"问题的路径图具有广泛的借鉴意义,见图6-1。

最后,从商业操守和治理的角度,我想借美国人权运动领袖马丁·路德·金的一段名言与大家共勉:

每当遇到什么事,懦夫会问:"这么做安全吗?"患得患失者会问:"这么做精明吗?"虚荣者会问:"这么做受欢迎吗?"但是有良知者只会问:"这么做正确吗?"

做出合乎道德的决定。在此过程中，鼓励做好文件记录

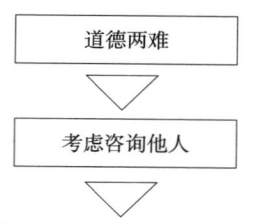

```
        ┌─────────────┐
        │  道德两难    │
        └──────┬──────┘
               ▽
        ┌─────────────┐
        │ 考虑咨询他人 │
        └──────┬──────┘
               ▽
┌────────────────────────────────────────┐
│         考虑五个基本道德原则            │
│ 正直，合规，专业能力和关注力，保密性，专业行为 │
└────────────────────────────────────────┘
```

正确
有哪些技术层面的问题、法律、标准？ICAS 的道德规范中是否有具体要求？
考虑相关的技术指南、法律、标准、规定和规范

良好
谁会受到影响？
有哪些可预见的后果？
（可量化的和不可量化的）

高尚
我的价值观是什么？
公司的道德规范和价值是什么？
如何做是合适的？

```
        ┌─────────────┐
        │ 考虑咨询他人 │
        └──────┬──────┘
               ▽
┌──────────────────────────────┐
│ 做出合乎道德的决定并采取相关行动 │
└──────────────────────────────┘
```

图 6-1　面对"两难"问题的实现路径

资料来源：苏格兰特许会计师公会（ICAS）。

第三篇

大中华区的领头羊：声誉卫士

第七章
业务部门的好伙伴

　　大公司的公关经理可能都有这样的经历：某业务部门的负责人要求开会，讨论客户投诉，因为对问题的解决不满意，客户威胁要向媒体曝光；和公关公司讨论新品牌推广的创意；招聘专员询问如何把全球的招聘广告用语改得更符合本土习惯；某业务项目会议要讨论新项目的风险管控问题……这些有可能发生在同一天，反映了公关人作为"业务伙伴"的不同角色。

何为"业务伙伴"？

　　企业的部门设置有业务部门和职能部门之分。职能部门如人力资源、财务、法务、公关（公共事务）等，不直接承担盈亏责任。

　　"业务伙伴"这一概念最早是 1997 年由密歇根大学罗斯商学院的戴维·尤里奇（Dave Ulrich）和韦恩·布罗克班克（Wayne Brockbank）在他们合著的《人力资源冠军》（作者译，英文书名为 *Human Resource Champions*）一书中提出来的。基本思想是人力资源不是公司的"后方"部门，只提供行政管理支持，而是要帮助公司建立组织和人力资源能力，成为公司业务的推动者和赋能者。提出这一概念是为了让人力资源更上一层楼，从战略层面为企业提供有价值的解决方案；同时也是技术发展的结果。很多的行政管理工作，如员工休假申请的批复等都可以在网上完成。为此，人力资源部要理解公司的战略和目标，了解人员结构、组织文化，为实现业务目标提供人力资源解决方案，同时让员工得到发展。这就要求人力资源部与业务部门建立良好的战略伙伴关系，既能提供以人为本的满足业务发展需求的人力资源解决方案，又能适时挑战业务部门的想法，同时还要关注未来的人力资源发展趋势。依据公司的大小、复杂度等，尤里奇和布罗克班克的业务伙伴模式把人力资源部门的设置分为：面向业务的人力资源（战略伙伴）；变革催化剂；员工代表；共享服务以及特别服务中心（如招聘、薪酬等）。

这一针对人力资源的业务伙伴模式，在其创立至今的20多年中，被众多公司的人力资源部引入，也有各种案例文献评价和分析了如何更好地成为业务伙伴，总结如下：

（1）深入了解业务：了解业务如何运作、如何创造价值，了解其战略推动力和目的。

（2）更多地使用数据和事实为业务提供支持、洞见，同时让数据说话，使人力资源部工作的作用和影响得以量化。

（3）与业务部门建立有意义的连接：建立一种好奇、有目的性和影响驱动的关系，多问问题，建立网络，寻求人力资源部可以提供有价值的解决方案的机会。

（4）展现领导力：正直，包容，挑战——有勇气和自信挑战业务部门及其领导等。

这一源自人力资源的业务伙伴模式实施了20多年，也逐渐延伸到其他职能部门，比如财务部。我看到了有关财务人员如何当好业务伙伴的有效行为：

（1）有勇气讲真话，挑战业务部门的领导，当好"镜子"：其中也包括尽早识别并提出问题，比如无法解释的成本增加、业务指标的意外结果。

（2）发挥影响，运用建立关系和沟通的技巧：需要通过这些技巧清楚表达意图或有效展开讨论。

（3）坚持不懈：挑战决定或预设可能不那么受欢迎，帮助其他部门的同事理解一个项目的更宏观和长远的意义可能需要更多的时间，坚持是一种美德。

（4）深入了解业务。

（5）把数字讲成故事。

在壳牌，对职能部门的期待要有商务上的敏锐度，从专业的角度为业务实现盈利创造价值或管理风险，帮助业务部门做出更好的决策和实现更好的结果。

如何成为称职的业务伙伴？可以用如下几个维度来衡量：专业顾问、创新者、职能"经纪人"和业务搭档。

专业顾问是指对业务有深刻的了解，深知公司是怎样创造价值的，"我"和"我"所在的团队如何为公司的短期目标和长期目标做贡献。

创新者是指"我"的角色不限于专业核心能力，还可以不断创新和突破，为公司和业务创造价值。

职能"经纪人"一方面保证职能部门的监管职能切实发挥和相关政策得以实施；另一方面，使"我"建立起一个强大的网络，职能部门内部的，和其他部门的，还有和外部利益相关方的关系，都可以为"我"所用，为公司和业务创造价值。

作为业务搭档，需要了解所在业务部门共同的挑战和机会，可以和大家同甘共苦，通过扮演不同的角色，实现业务目标。

在和业务部门并肩作战的过程中，职能部门的同事可能同时扮演上述一个或多个角色，有时提供专业建议，有时给出不同的方案，有时和业务部门一起向前冲，有时则要叫停。

从公共事务的角度来看，如何成为业务部门的好伙伴呢？

首先，我们的主要职责是建立和增强品牌和公司的声誉。近年来我们建立了一个PBC声誉管理和建设模型——P、B和C分别代表业绩（performance）、行为（behavior）和沟通（communication）。从专业角度讲，大家可能认为我们所要承担的工作就是C，也就是沟通。但对于品牌和声誉的建立，P、B、C缺一不可，相辅相成，否则就会出现"说"与"做"的差距，给人以言行不一的感觉，影响品牌和公司的声誉。

因此，公共事务部要成为业务部门的战略伙伴，既要帮助业务部门实现业绩，也要协助业务部门在开展业务的过程中体现公司的价值和理念。

多年前一位业务领导在给我的团队开会时，提出了两点期待："business smart 和 function smart"。也就是说，既要了解业务又要精于专业。我非常赞同，并把它作为自己的座右铭之一。在领导不同的公关团队时，我也用它来激励团队。

如何学习了解业务？没有别的窍门，就是在工作中学习，多些好奇心，不懂就问。业务伙伴是最好的老师，他们一般都乐为人师。在信息发达的今天，公司和外部网站上有各种资料可供查询，比如，国际能源署（IEA）、国际石油工业环境保护协会（IPIECA）、美国能源信息署、世界银行等都是我经常关注的外部信息来源。作为壳牌（中国）最早的公共事务专员，我在很年轻、还是个职业"小白"的时候就得以和业务部的领导团队坐在一起，参与管理层会议，那是很棒的成长机会，当然更是代表职能部门参与和影响决策的机会。一路成长，我曾加入壳牌大中华区的业务管理团队、亚太勘探开发业务领导团队和全球一体化天然气业务管理团队。所以，不要错过加入业务管理团队的机会，哪怕是客座也无妨，重要的是有一席之地（"A seat at the table"），可以及时了解业务动态和决策，同时也有机会积极参与决策。

20多年来，我在公共事务这一职能部门的不同级别和壳牌分布全球的不同地区，担任了12个职位，和不同的业务伙伴共事。我体会到了两点：一是"赋能"，二是"共创"。

2015年在韩国船厂参观建造中的壳牌浮式液化天然气装置"序曲"

赋能

记得在我刚刚入行的时候，有一次内部培训提到，公关的主要任务之一是为业务创造一个良好的运营环境。如何创造一个良好的运营环境？利益相关方对品牌的认知度、偏好度和信任度是衡量标准。那时还没有 PBC 这样的模型。在操作层面上就是，大力宣传好的事情和消息，尽可能管理好各种议题，在它们处于萌芽状态时就消灭它们，降低风险。公关处理总体上说是被动应对型的，而不是主动出击型的。

有一个阶段，我们这个职能部门的名字改成了 CX[①]，也就是沟通（communications）的缩写。那时候，我们更加积极主动地采用了一种斗争（campaign）的方式大力弘扬我们做得好的方面，比如技术创新、能源未来等。相对而言，对议题管理的关注似乎弱了一些。

我个人认为，虽然从之前的被动应对型或者防守型变成主动出击型或者进攻型，但只注重其一都有失偏颇。2014 年，我们这个职能部门的名字改为对外事务部（external relations，ER）。也是在这个时候，引入了非技术风险整合（non-technical risks integration，NTRI）这个概念，整合非技术风险成为部门一个主要的职责。也就是说，在为业务创造良好运营条件的大前提之下，任何非技术风险都由 ER 来整合。这并不是说我们是管理各种风险的专家，但我们要综合考虑各种风险，并加以应对和解决。打个比方，就像是交响乐队的指挥，要能把会影响业务发展的风险或者可促进业务发展的机会尽早地识别出来，然后调动各相关业务部门和职能部门一起管理好这些风险和机会，把风险对业务的影响降到最低，或者把机

[①] X 可代表复数和任何旨意。

会最大化。

这样的整合职责要求我们有诸多方面的能力，熟知公关专业的技能、流程和工具，比如与利益相关方的沟通、项目管理、议题管理、媒体关系管理等。这一过程就是有效使用技能、流程和工具赋能业务。

举个例子，印度尼西亚是我们油品业务发展的全球重点市场之一。我接手亚太区的公关工作后，印度尼西亚团队就加强了和业务部门的合作。2017—2018年，加油站业务在印度尼西亚的几个城市得以扩展。在雅加达的一个可能的加油站选址过程中，印度尼西亚团队参与了基线调查——这是大项目准备阶段的必要工作之一，主要是通过定量和定性的问卷收集项目所在地和受项目影响的社区目前的相关社会经济数据，如主要人群及其经济活动、收入来源、人口分布、社区文化等，分析项目可能带来的正向或负向影响，及时反映社会经济方面可能存在的风险，为项目投资决策提供参考。在这一基线调查中，印度尼西亚团队发现这一备选站址附近有严重的社区不和问题。为了规避风险，印度尼西亚团队建议业务部门慎重或重新考虑项目选址。这一建议被业务部门采纳了，避免了日后不必要的和社区可能产生的争端。这是一个做业务伙伴的好例子，我们通过基线调查，及时发现风险并积极为业务部门的项目决策提供依据和建议。

印度尼西亚加油站项目的基线分析所反映的也是公共事务中很重要的一个维度：社会影响分析。它是社会业绩的一部分，也是赋能业务、合作共创的重要方面。前面提到的南海石化项目的社会业绩管理以及菲律宾马兰帕亚的社区项目，都是促使项目顺利开展或者规避风险的好例子。

赋能业务的另一个层面是预防性维度,比如议题管理,提前预见风险发生的可能性和影响,还有危机管理预案和演习,培养每一个市场和业务部门应对危机的能力。当然,一旦危机发生,我们会和业务部门通力合作、并肩作战,管理和化解危机。

共创

共创则要建立在对业务的理解以及和业务伙伴的信任关系上,以专业的技能为业务部门添砖加瓦,实现和业务伙伴思想同步。在这一过程中,对业务伙伴来说,我们同时是挑战者和同盟。

2006年,我刚刚接手大中华区公共事务董事的工作,恰逢壳牌在中国的又一大发展期,公司正进一步考虑在中国的战略。当时我和壳牌(中国)的一把手马来西亚人林浩光先生紧密配合,把他刚上任一两个月在不同场合的一些思路陆陆续续地整理出来,形成公司的叙事(narrative),同时不断修改,最后从十几页的文字精简成一页PPT,把壳牌的中国战略清晰勾画了出来。

记得在那期间我跟林浩光先生多次沟通,他要求把这些想法精简再精简。当时的基本思路是,阐述全球和中国的能源大背景。我们从大的这两方面思路出发加上详细的数据,几经修改,从长长的十几页,到五六页,最后到两页左右。林浩光先生还是觉得不够精简。

当时,我们正好在做品牌推广项目,主题是"real energy for the real world"。也就是说,面对三个艰难的挑战,作为一个能源公司，我们要寻求一切解决方案，满足日益增长的需求。

在这样的背景下，在和广告公司讨论时，我要求工作人员把两页叙事呈现出来。我的建议是将其做成一页PPT——画成一个小房子的样子，斜屋顶是壳牌的全球战略，房子的主结构是中国战略的四大块，即"技术优先""市场优先"、发展业务、发展人才，后两块进一步精简成"创业"和"树人"，当然合作和伙伴关系也很重要。

没想到，林浩光先生对这个战略图很满意。壳牌在中国的战略展示就用这一页PPT，无论是面对全球董事会，还是其他内外沟通，一直沿用了好多年。

回想这一过程，深感那不仅是一个把书读厚再读薄的过程，更是共创的过程。公关的角色，不仅仅是叙事的书写者，更是同步的思想者、挑战者和创新者。

同样，收购统一润滑油时的"一家两兄弟"品牌定位，在一体化天然气业务以及BG并购整合过程中确立业务板块的战略重点等经历，无一不是和业务部门并肩作战、和业务领导不断进行思想碰撞的结果。比如，一体化天然气业务板块成立前的5~6个星期，我们和EVP及其团队几乎每天都交流沟通。在这当中，当然要带入专业的视角，比如如何陈述、怎样呈现，但更多的是要了解业务的整体构思、机会、挑战和未来预期以及定位。像业务伙伴一样思考，是共创时一定要戴的一顶帽子。

还有一个有关日本市场的例子。日本一直以来都是天然气的一个主要市场。近几年来，壳牌在日本的业务有更广阔的发展，能源贸易、新能源以及下游业务都有一些新的发展。日本从一个以天然气为主的市场转变为一个业务多元化的市场。而业务的条块化限制了壳牌在国家层面上的有机和有效融合。在2019年探讨日本的声誉管理计划时，我提出了一个想法，利用集团开发出来的P2CVP（purpose to customer value proposition，将集团愿景转化为客户价值取向）工具把各业务单元聚集起来，整合和梳理壳牌在日本市场的整体战略方向。

这个工具在全球40多个业务单元使用过，帮助这些业务单元厘清了长期业务和市场定位。这一建议得到了集团上层的支持。原计划在2020年上半年进行相关讨论，没想到新冠肺炎疫情打乱了所有的安排。那时，我向负责这一工具的集团品牌部提出要求，把原计划的两天面对面研讨会改成线上举办。这是从来没做过的事。感谢集团品牌部的同事接受这一挑战，将位于7个不同城市/国家的40多人召集起来，召开了集团全线上的第一个P2CVP研讨会。由于准备充足，整体效果堪比面对面研讨。

这也是一个共创的例子：一方面要跟日本市场的各个业务板块达成共识；另一方面，就是要把集团相关的资源调动起来，比如集团品牌部，所以也是共创的过程。

在亚太区还有很多这样的共创例子。比如在很多市场，我们和市场营销部一起找到共赢的合力，让公司主品牌和产品品牌高度融合。比如"壳"动未来品牌推广就是主品牌领衔、其他业务部门和产品品牌一起唱大戏的例子；最近印度的主品牌推广，也是很好的例子。2019年我们和集团品牌部以及印度油品业务部门一起策划如何在印度提高人们对公司主品牌的认知度和喜好度，促进公司业务在印度的进一步发展，同时也吸引更多的人才——

我们在印度有技术中心、服务中心，雇员人数达8 000多（2019年数据），占全球雇员数量的近十分之一。在讨论中，我们结合在印度的业务以及印度的发展现状，认为交通运输是一条很好的主线，它既反映了我们在印度发展的主要业务——油品（加油站、润滑油和沥青），也抓住了流动性给印度人的生活带来的改变。这样，2021年我们的主品牌推广项目就诞生了，主题为"当我们动起来时，奇迹发生了"，讲述了三位印度女性的真实故事，一位是印度的第一位女卡车司机，一位是电影特技表演者，一位是作家驴友，三位女性的故事都很感人，挑战了人们（尤其是在印度）对女性的传统认知。贯穿几个故事的红线是"流动"，把我们"赋能进步"的主品牌目的、我们的油品业务和这些女性"动起来"的故事完美地结合起来。推广的时间特意选在了三月，2021年的妇女节主题是"选择挑战"，三位女性的故事也是对这一主题的完美诠释。

再比如，在巴基斯坦和菲律宾，我们的营销业务也积极参与社会投资旗舰项目，在业务实践中赋能社会和社区。

共创的另一个突出体现是在资产变动时，无论是新投资项目还是撤资项目，跟业务部门的伙伴关系都尤为重要。一是要尽早介入；二是要把我们所有的看家本领都用上，比如对利益相关方的分析，对非技术风险的整合，何时跟不同的利益相关方沟通，主要信息是什么，何时应积极主动地沟通，何时应采用应对式沟通，等等。除了沟通，更重要的是了解项目目的，从不同利益相关方的角度为项目出谋划策。

和业务部门的伙伴关系并不意味着一味地同意业务部门的意见。我们的专业性也表现在有勇气凭借专业能力和判断说"不"。

我经历过多次，都比较有挑战性。有时候是因为业务部门的要求不符合我们的对外发布程序，有时候是因为时机不对，有时候是因为对问题的看法不一。出于对公司总体品牌和声誉的考虑，或者是从对外关系的角度考虑，必须站出来说"不"。当然大部分情况是有理、有礼、有节地陈述观点和理由；大部分情形下，大家有良好的工作关系，相互沟通。但也遇到过一些业务领导比较强势，或者一意孤行，甚至是非常不客气。在那种时候，更需要对事不对人，基于自己的专业能力和判断，勇于坚持自己的意见。有那么一两次，业务领导甚至提高音量，试图把他们的意见强加于我。当时，我也同样提高了音量坚持自己的不同看法。当时的情境是令人极不舒服的。但是，过后我反而赢得了这些男性业务领导的尊重，因为我说得有理，而且没有屈服于他们的强势。

当然，最好是双方能建立信任，共同探讨，或是通过其他方式产生影响，比如请自己的上司出面。

在过往的20多年，我们公共事务这一职能部门不断成长、成熟，不断总结，形成了各种各样的流程、工具，提高了公共事务的专业性和效率。如果让我来总结和业务部门搭档的关键词，我还是会选择如下：

- 了解业务，精于专业
- 赋能，共创

当然，别忘了好奇心、勇气与建立关系和信任！

小结

有关成为业务伙伴的话题，该如何植入公关部呢？我在前文提到壳牌领导力中要求职能部门扮演好业务伙伴的四个维度，即专业顾问、创新者、职能"经纪人"和业务搭档，也分享了在实践中的经历、故事和体会。最近，我看到了 PR Place 的安·皮尔金顿（Ann Pilkington）有关公关部成为业务伙伴的一些导则，总结其中有借鉴意义的几点如下。

1. 有关公关业务伙伴模式和分工

参照人力资源业务伙伴模式，皮尔金顿建议公关的分工也可以有三大模块（见表 7-1）：

（1）业务伙伴：专注于一个业务领域。

（2）专员服务：专业支持和执行。

（3）集团沟通：企业层面的沟通战略和计划。

表 7-1 公关业务伙伴模式和分工

业务伙伴	专员服务	集团沟通
·确定业务伙伴的需求 ·建立关系 ·确立和集团一致的业务沟通战略 ·制订、实施计划	·资讯制作 ·文稿、文案撰写 ·电子邮件、内外网、设计媒体 ·外购专业服务，如设计	·企业整体沟通战略 ·确保沟通的协调和一致（内容和方式方法） ·内部员工沟通 ·媒体关系

2. 作为业务伙伴的几点重要考虑

皮尔金顿在导则中借鉴了安·格雷戈里（Anne Gregory）和保罗·威利斯（Paul Willis）在《战略公关领导力》（*Strategic Public Relations Leadership*）一书中为 CEO 提供公关咨询的有关角色，

她认为这同样适用于公关业务伙伴：

（1）计划者：公关领导者深知计划的重要性，否则，公关的可信度会受到质疑。

（2）催化剂：公关领导者需要明白"何处得整改"，以实现公司的目标和价值。

（3）专家：专业技能精湛可以建立个人品牌和声誉，赢得他人的信任。

（4）内部教育者/培训师：为整个机构建立沟通专长，其中也包括机构的领导层/管理层，他们需要公关部的指导和培训。

（5）咨询师：咨询师的客观性是内部公关人员应具备的关键技能。

同时，皮尔金顿还认为格雷戈里和威利斯的有关机构在不同情形下的责任和机会，以及公关人的相应角色，也可作为公关部成为业务伙伴的要素（见图7-1）：

（1）在社会层面上，企业需要得到整个社会的认可，企业在社会中的位置、声誉以及对相关问题的看法决定了公众是否会授予它"运营许可"。

（2）在企业层面上，企业的重点是其财务目标和业务目标。

（3）在供应链层面上，着眼点为企业的重要利益相关方，他们与企业的密切关系使其有别于其他利益相关方。

（4）在职能部门层面上，公关部的职责是与其他专业部门联系，以决定公关部的沟通技能如何为实现企业的战略目标尽职尽责。

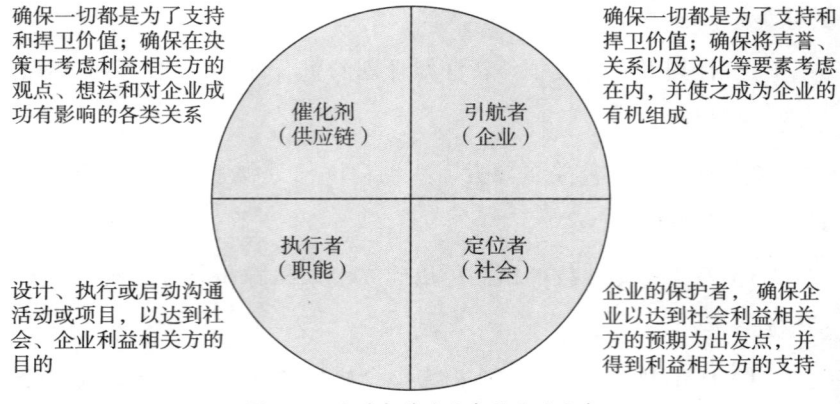

确保一切都是为了支持和捍卫价值；确保在决策中考虑利益相关方的观点、想法和对企业成功有影响的各类关系

催化剂（供应链）

引航者（企业）

确保一切都是为了支持和捍卫价值；确保将声誉、关系以及文化等要素考虑在内，并使之成为企业的有机组成

执行者（职能）

定位者（社会）

设计、执行或启动沟通活动或项目，以达到社会、企业利益相关方的目的

企业的保护者，确保企业以达到社会利益相关方的预期为出发点，并得到利益相关方的支持

图 7-1 公关部作为业务伙伴的要素

3. 作为业务伙伴需要具备的技能

（1）战略计划能力：包括将调研结果作为计划的考虑因素，制定具体、可衡量、可实现、切实、有具体时间表（SMART）的目标，并有衡量和评估标准。

（2）懂业务：了解企业的业务特点和本质，了解企业所在行业的知识亦非常重要。

（3）良好的人际关系能力：了解主要利益相关方的沟通偏好，比如了解 MBTI 个性等。

（4）利益相关方沟通技巧：了解业务伙伴的所思所想、所忧所喜，有计划地沟通，可以使用利益相关方分析工具（影响力/兴趣矩阵图）。

（5）报告书写和演讲技巧：能清晰简洁地书写报告，能引用数据，并能成功证实。

本小结简单梳理了业务伙伴的理念来源，它在其他职能部门的实践，以及作为第三方的公关部该如何设置和运作的建议，这些无

疑是对我分享的公关实践经历的有益补充和延展,同时再一次验证了我有关做业务部门的好伙伴的体会:

· 了解业务,精于专业

· 赋能,共创

当然,别忘了好奇心、勇气与建立关系和信任!

第八章
并购沟通

在壳牌的 20 多年中，我经历过大大小小的无数变化，包括各类组织架构调整、资产重组（买卖、合并）、新项目投资等。参与度高且印象深刻的是两大并购。一个是 2006 年在中国壳牌收购了统一润滑油。另一个就是 2015—2016 年我在领导全球一体化天然气业务的公共事务时，壳牌收购了 BG，这是近 20 年来能源界最瞩目的并购案。下面我从沟通的角度讲一讲有关的经历和感触。

并购统一润滑油

2006 年，壳牌在中国收购了本土品牌统一润滑油。因为涉及外国品牌和一个完全本土化的品牌，并购有一定的敏感度。

先从并购谈判说起吧。并购谈判是非常保密的，历经了几个月。在谈判期间，我们对媒体的答复一律是"对于市场猜测，我们不予置评"。这其实是任何商业谈判期间的标准回复。而在谈判预计要成功的 2006 年夏天，我们要开始为谈判成功、宣布并购做准备。

第八章 并购沟通

那年夏天,作为非谈判组成员的第一个壳牌人,我拜访了位于北京大兴的统一润滑油公司,去见其创始人之一LJ先生,和他商量并购宣布事宜。对于壳牌而言,并购沟通有一套程序,对于谈判过程中的任何风声走漏和媒体垂询,一律不予置评。而对于并购事宜的宣布,则视项目大小和重要性,有不同的沟通要素要考虑。统一这一民族品牌有其不同之处,基本上是创始人说了算,而且LJ先生长于营销,在媒体上的曝光率极高。这也是我们在并购宣布上需要考虑的一个重要因素,统一润滑油的媒体曝光率高,宣布被壳牌收购,想必会引起不小的震动。

和LJ先生的沟通还算顺利,他理解壳牌作为知名国际公司有自己的章法和程序,尽管不太适应一些条条框框,但经过几次沟通,我们就并购宣布当天的主要安排达成了共识。但有一点我们花了较多的时间才敲定,就是如何定位。从壳牌的角度,简单明了,这是一次收购,因为我们的股权占比达75%,所以英文很简单,就是acquisition。但对于一个著名本土品牌来讲,还有一个大众感受的问题,加之还要经商务部批准,所以"收购"在中文沟通中不是最合适的。我跟总部负责媒体和业务的负责人就新闻稿和内外沟通文稿进行了多轮讨论,最后决定,英文沟通文稿依然使用"acquisition",中文沟通文稿使用"合并"。除此之外,还有品牌定位问题,包括并购之后统一的产品要不要换包装、品牌要不要更换。这是谈判的一部分,最后决定保留各自的品牌。

在确定并购宣布事宜之前的一个星期,我和壳牌(中国)的润滑油业务关键领导团队就并购宣传和定位进行沟通。与会者要签保密协议才可以参会,这个会议也是为了帮助销售团队厘清思路,同时了解他们有什么疑问，比如对业务有什么影响，对员工有什么影响，如何跟客户沟通。两个品牌在 C 端（客户端）方面和 B 端（企业端）方面都有各自的产品和渠道，如何向各自的经销商和客户沟通这一次"合并"？在和壳牌的润滑油业务负责人以及 LJ 先生反复沟通后，我们确立了"一家两兄弟"的品牌定位，壳牌润滑油大家庭为客户提供更多的选择——既有高端产品，又有主流产品；还确定了双方与各自经销商沟通的叙事和问答等。

2006 年 9 月底，并购宣布———整天的日程，从早到晚，从双方的内部员工大会，国内外媒体的新闻发布会和采访，到投资者说明会。为了这一天，我和团队成员一直忙到前一天晚上的深夜，以确保每个程序的细节精准到位。最终，第二天的各种沟通事项十分流畅，感觉"台上一分钟，台下十年功"，近半年的准备值了。

对于这次经历，我的主要体会就是，公共事务在重大并购案中的作用远不只是发新闻稿、开发布会，很多"工夫在诗外"，要尽早介入，了解谈判的难点、痛点，了解商业伙伴的所思所想、各种诉求。有时，并购沟通并不是那么直截了当，比如国际品牌收购本土品牌的敏感度问题，并购后的品牌定位可以帮助业务部门避免市场的混乱等。当然，详尽的沟通规划，包括了战略背景、沟通策略、叙事、内外利益相关方分析、针对不同受众的问答、并购里程碑事件的沟通计划（或不沟通计划）、媒体管理（谈判期间的媒体垂询、里程碑事件文稿）、内部沟通的时间表和主要信息等。这再次证实了和业务伙伴并肩作战、共同创造、沟通无限的重要性。

并购完成后，业务开始了整合阶段。我们也从公共事务的角度，帮助统一融入壳牌，包括对统一的管理层进行媒体培训和危机管理培训，并开展适当的演习。

收购 BG

2012年，我到新加坡任职，负责亚太区的公共事务，涉及15个市场13个国家，我的团队加上各个专业部门共100人左右。我还同时负责支持上游勘探开发业务亚洲区的内外沟通。一年之后，业务改组，全球上游业务中分出了全球一体化天然气业务，并且该业务的全球总部设在了新加坡。从2013年起，我的职责就改为负责壳牌在亚洲13个国家的公共事务和全球一体化天然气业务的公共事务。

对天然气业务的支持除了日常的内外沟通，很大一部分是关于天然气的定位和壳牌在天然气（包括液化天然气）领域的领导地位。很快，我和我的团队为天然气业务制订了详细的内外沟通计划，涉及从战略到主要信息，以及各种场合的发言人计划等。我们抓住了一些既定的机会，如大型国际会议，也有创意地利用了一些看起来不那么相关的"点"，比如世界地球日、世界环境日等，主动出击，推广天然气的优势。在短短的两三年里，壳牌天然气确立了在业界的领导地位。其间，我也经历了内部的小整合，比如把非常规气部门合并到天然气部门。

2015年10月左右，集团内部小范围通知，说我们要收购BG（英国天然气集团），收购由专门的集团团队负责。壳牌收购BG是能源界继1999年埃克森收购美孚之后最大的并购案，价值550亿美元。收购BG对公司深水勘探开发业务和天然气业务这两大业务的影响最大。宣布收购之后，整合工作开始了。BG 的加入使得壳牌天然气业务上了一个大台阶，升级为单独的业务板块，EVP 升任集团执委会成员，2016 年 1 月生效。这意味着天然气板块的内外沟通要在不到 3 个月内完成升级，其间还包括圣诞节和新年假期。为了保证顺利升级，有众多内外沟通工作要做。

对内的沟通工作包括：

（1）收购后的天然气业务叙事、战略、文化。

（2）新任执委会董事的对内沟通（电视采访、邮件信息）。

（3）业务板块的内网更新。

（4）一体化天然气和可再生能源业务介绍。

（5）一体化天然气和可再生能源主要国家业务介绍。

对外的沟通工作包括：

（1）致利益相关方的函（并购事宜，天然气业务升级为单独的业务板块，新的领导层介绍，等等。利益相关方包括主要的天然气生产国和主要大市场的政府相关部门，我们的合作伙伴和主要客户，等等，共计 300 多人）。

（2）公司外网有关一体化天然气和可再生能源业务的所有内容的更新。

（3）梳理和确定新的对外沟通重点。

出于保密，以上种种准备主要依靠内部资源。收购 BG 是集团的大事，也是能源界进入 2000 年之后的最大收购案。在天然气业务层面，一方面我们要配合集团的并购沟通计划，另一方面还要把天然气板块的沟通工作，尤其是内部沟通工作做好。我们想方设法把内部沟通工作做得有声有色。我们把并购时间表上的里程碑事件一一列出来，细化天然气板块的内外沟通计划。比如团队就新任执委会董事的第一个员工沟通会如何更能吸引人一起进行头脑风暴，最后我们采用了"炉边谈话"的电视访谈形式，主持人就是业务部门的同事，而非公关部的人，这样的选择虽然意味着更多的准备工作，但给了员工一种感觉，即"我"在和领导对话，这是一种耳目一新的安排，而且反响很好。

另外，所有沟通资料还需要内部相关部门的核准，比如投资者关系部、媒体部等，而且在圣诞节放假前要全部定稿，我们实际上只有 6 周的时间。我记得 2015 年 12 月到海牙出差 2 周和团队及有关各部门紧锣密鼓地开展工作，在圣诞节之前敲定了所有内外部沟通资料。2016 年元旦，我在新西兰休假期间，全球一体化天然气（IG）业务板块顺利上线，并按计划按步骤启动。在第一季度的全球沟通大会上，我和团队被新任执委会董事点名表扬，对方盛赞我们所有内外沟通工作的高效和有效，我感到很意外。

这只是开始，收购 BG 后，有些市场是重合的，有些市场则是全新的，天然气板块新增了 7 个国家的市场。因此，团队整合是接下来的重头戏。从架构设计到重新安排内外部招聘，我们一直忙到了 2016 年夏天。由于并购和业务升级，业务 ER 团队从 2015 年底的五六个人扩大到 2016 年中的 170 人左右，覆盖了亚太区和新增市场。2016 年，我出差总计 211 天，主要是忙于并购后的整合。

在壳牌 20 多年的职业生涯中，参与了两次不同业务和规模的并购，并领导部门开展相关沟通工作的确是我职业发展和学习进阶难得的机会。

我感触较深的几点是：一是充分了解业务，和业务部门搭档，并肩作战，共同创造；二是沟通无限，有效的沟通和整体战略、内外部的成功定位密不可分，好的沟通一定是以业务为主，受众至上，言之有物，同时通过创新形式和渠道做到锦上添花；三是品牌管理定位；四是团队建设，从架构设计、人才招聘到入职指导都需要进行团队建设。

在2015年圣诞节前一周确定所有文稿期间，我的核心团队和新任执委会董事就一体化天然气和可再生能源业务的叙事讨论可以说是以小时计的反复推敲，甚至到了咬文嚼字的地步，就是为了能清楚阐述并购后新业务板块面临的机会和挑战、战略重点和应有的文化。这在当时也让我想起10年前也就是2006年壳牌（中国）战略的演绎过程，只不过这一次是全球业务板块。这也是对上述感悟的最好诠释。

小结

有关沟通在并购中的作用，很多文献讨论了其重要性，如何做好，以及沟通不到位或不受重视的严重后果。

2019年麦肯锡发布的一篇文章就特别指出强有力的沟通战略和计划对并购的重要性，包括：通过业务的持续，减轻员工的焦虑，提振士气，留住人才；通过持续沟通，让内外部的重要利益相关方，如客户、政策制定者、供应商、员工等了解公司的愿景和战略，通过上通下达，消除疑虑和不安。

《福布斯》的一项调查则显示，超过半数的并购失败的主要原因有估值失误、文化冲突等；还有一个很重要的原因，就是沟通不到位。管理咨询公司科尔尼（AT Kearney）的一项全球调查显示了不同并购阶段的失败风险：

（1）并购战略/并购短名单/尽职调查阶段：30%。

（2）谈判和达成并购协议阶段：17%。

（3）并购后的整合（含沟通）阶段：53%。

此外，麦肯锡的研究表明并购中有关人的管理是并购价值最大化的关键。华信惠悦（Watson Wyatt）则认为文化冲突是并购后的最大阻碍。人力资源咨询公司美世（Mercer）发现并购的三大因素为人、流程、系统，有关人的问题是并购成功与否的关键。而在和人相关的重要维度中，及时、透明的沟通占比很大。

综合不同的案例分析，沟通不到位的原因有以下几点：

（1）战略上不重视沟通，管理层把精力放在并购上，忽略了沟通的战略重要性。

（2）战略上重视沟通，但战术上认为沟通是公关或人力资源部的事，忽略了沟通也应该是整合战略的一部分。

（3）流程上，对沟通的重视到宣布并购为止，以为从此万事大吉，忽略了沟通要贯穿并购的各个阶段，从尽职调查到并购谈判，到宣布并购的第一天，一直到并购后的整合、文化重建。

（4）没能从利益相关方的角度考虑各个阶段不同利益相关方的诉求，在"大叙事"一致的前提下，与不同的利益相关方"有的放矢"地沟通，没能避免"一首歌"唱到底，或忽略某些利益相关方。

有关并购的阶段，不同咨询公司的定义略有不同。麦肯锡将其分成了七个阶段：尽职调查，并购设计谈判，并购宣布，达成协议前的准备，并购生效第一天，合并整合，稳定过渡。也有人大体将其分为三大阶段：并购前，并购生效，整合。无论如何划分，沟通都应该涵盖各个阶段，成为并购的重要组成部分，要具备相应的战略计划和具体的实施方案。

麦肯锡经过总结，认为成功的并购沟通战略要具备以下特点：

（1）关注业务目标：以保护和建立业务价值为导向。

（2）自始至终参与：信息和沟通要满足利益相关方不断变化的需求。如不能就结果或决定进行沟通，可以解释相关步骤。

（3）严格管理：管理层应直接参与有关沟通事项并遵循相关要求，履行职责。

（4）考虑文化因素：如果自下而上是文化的重要部分，则自上而下的沟通未必奏效。

（5）确保一致性和说服力：所有沟通要做到高质量，重要内容就要在不同渠道上传播。如有必要，多次重复。

（6）人性化沟通：了解受众的真正诉求，沟通语气要与场景和情绪匹配，避免过度正式和法律化的语气。

（7）让领导作为主角：让各层级的管理者参与到沟通中，也包括面对客户的员工，让他们有充分的准备，确保信息一致。沟通不能只是公关部的工作。

（8）适时更新：让并购管理小组和各工作组保持沟通，适时更新相关信息，确保沟通的及时和有效。

（9）重视反馈：经常收集反馈意见，及时有效沟通。

我认为制定沟通战略只是第一步，公关团队还得"步步为营"，制定周密的攻略，包括：

（1）分析识别主要利益相关方。

（2）根据项目进展和时间表，标出里程碑事件和可能的"触发事件"（比如有些外部事件可能引发利益相关方提问，如新出台的行业规定对项目的影响等）。

（3）建立沟通团队并立好规矩。

（4）整理核心信息和"项目叙事"，搭建沟通的信息框架。

（5）为每个里程碑事件做好沟通计划。

（6）建立双向沟通机制：监测—反馈—调整。

Career Mind上一篇有关并购沟通的文章还给出了一些各阶段的具体沟通内容和受众：

（1）第一次发布：宣布并购，对象是投资者和员工。

（2）第二次发布：第一次发布之后，在并购谈判成功之日，为内部员工提供更多细节，并通过新闻稿对外发布。

（3）致所有受影响的利益相关方的信：并购结束后，告知客户、供应商、合作伙伴等。

（4）欢迎信：并购结束后致信所有随着并购新加入的员工。

（5）人力资源信息更新：并购结束后，应和员工沟通有关薪酬、福利等变化（如果适用）。随着整合的进行，可能有多次沟通。

（6）持续沟通：不断向员工通报并购整合的相关进展，让员工了解新战略和目标。这一工作很重要，大多数失败并购的失误就出现在整合阶段。

哈里森在Cutting Edge PR上撰文，详述了如何做好整合阶段的员工沟通工作：

（1）沟通的任务是让员工相信并购后的企业愿景，并积极参与其中。

（2）充分了解沟通目的：时刻提醒团队与不同利益相关方沟通的目的；高管应充分了解他们各自的利益相关方（包括员工），并能有的放矢地沟通。

（3）与不同地区员工沟通：此时管理层应意识到相应的文化和安排方面的差异。

（4）灵活性：采用不同的沟通方式方法，并能根据实际场景灵活调整。

（5）持续沟通：零沟通也是沟通，只不过它给出了负面信息。

（6）建立沟通机制以应对复杂的整合：了解各利益相关方，对沟通目的谙熟于心，做好计划，精心撰写沟通文稿，选择恰当的沟通渠道和平台。

（7）培训好管理层：了解他们对沟通的承诺和他们是否有相关技巧，确保他们可以持续、一致和诚实地沟通。

此外，《福布斯》在2021年的一篇文章中还为公关部的领导提供了就并购进行沟通的几点具体建议，包括：及时建立专门的并购项目沟通团队；成为积极的变革催化剂；预先思考可能出现的问题；确保沟通的个性化和亲和力；第一印象很重要。

在本章我分享了自己公关职业生涯中的并购经历，以及近年来有关并购沟通的一些外部分析和总结。"由外而内"再反观我之前的实战，我认为并购沟通的重点是：

（1）了解业务，包括并购的目的、机会、挑战和风险。

（2）及早介入，自始至终作为并购团队的重要成员；与管理层就沟通达成共识，并随时调整战略战术；赋能管理层（准备信息、叙事、问答等沟通内容，开展媒体培训等）。

（3）建立核心沟通团队（规模小也没关系），让大家明白各自的职责和总体目标。

（4）有清晰的沟通战略，明确沟通计划中的关键节点（里程碑事件、"触发"事件）和相应计划。

（5）发挥整合者的作用，眼观六路，耳听八方，点面结合。

（6）练好公关基本功和看家本领，涉及利益相关方分析、沟通内容（信息、叙事、问答）的准备、管理媒体、内部沟通等。

在前一章我谈到了业务伙伴，并购沟通可以说是成为业务伙伴的最佳机会和考验，如果有这样的机会，千万不要错过，这可是展示公关人十八般武艺和学习新技能的绝佳时刻。

第九章
战略叙事和品牌推广

2004年底我在海牙的任职结束回到中国，加入了壳牌（中国）的天然气和发电业务板块，负责利益相关方关系，担任股东代表，协助管理两个合资企业，进入董事会，尤其关注合资企业安全、环保、合规方面的事宜。这项工作做了近一年，壳牌（中国）迎来了又一波的业务发展和壮大机会。这也是人才本土化的一个契机——2006—2007年一些主要业务部门和职能部门的领导都本土化了，我成了壳牌（中国）历史上第一个领导大中华区公共事务的中国人，团队分布在北京、上海、广州，以及香港和台湾。

战略叙事——"小房子"

适逢中国的大发展时期，壳牌也在进一步考量其在中国的战略。当时壳牌（中国）的一把手刚换届，马来西亚人林浩光先生2006年下半年到北京任职，最初他在不同的场合把他的一些想法和思路陆陆续续地陈述出来，之后就要求我们部门把这些想法和思路串起来。从今天的角度来看，就是公司的叙事。

于是，我们就尝试着把公司在中国市场的一些想法做成文档，其间我跟林浩光先生多次沟通，他要求把这些想法精简再精简。当时的基本思路是，阐述全球和中国的能源大背景。全球背景就是我们的能源愿景描述的三个艰难的现实——由于经济发展，各国对能源的需求不断上升，易采的石油时代结束，世界需要所有的能源解决方案。中国保障能源安全供应是当务之急，除了进口石油、天然气等一次能源，中国急需开发本土非常规能源，如页岩油、页岩气等。中国的国有能源企业在常规能源开采和加工上已经相当有竞争力，我们能给中国带来更多价值的是技术优势，尤其是非常规能源的上游开发；中国同时是一个巨大的市场。我们迎来大的发展时期，需要强大的人才队伍去拓展这样的一个市场，也就是创业。根据这些思路，加上详细的数据，我几易其稿，从长长的十几页，到五六页，最后到两页左右。林浩光先生还是觉得不够精简。

当时，我们正好在做品牌推广项目，当年的主题是"real energy for the real world"。也就是说，面对三个艰难的挑战，作为一个能源公司，我们要寻求一切解决方案，满足日益增长的这个需求。供应侧的解决方案包括非常规能源，如页岩气、页岩油等。我们开始在中国和国有石油企业探寻这些项目的可行性；另外我们当时也在中国推广洁净煤技术。

在这样的背景下，在和广告公司讨论时，我要求工作人员把我们的两页叙事呈现出来。我的建议是做成一页PPT——画成一个小房子的样子，斜屋顶是壳牌的全球战略，房子的主结构是中国战略的四大块，即技术优先、市场优先、发展业务、发展人才，后两块进一步精简成'创业'和'树人',当然合作和伙伴关系也很重要。

没想到,林浩光先生对这个图很满意。我把邮件发给他的时候,他正好在去机场的路上,我告诉他这是我们拿来做品牌推广的发布展的构想。他很激动地说:"非常好,这就是我想要的战略图,你的那个文字版不用再改了,我们就用这一页。"之后,我们在中国的战略展示就用这一页PPT,无论是面对全球董事会,还是其他的内外沟通,一直沿用了好多年。

回想这一过程,有痛苦也有快乐。痛苦的是不断挑战和被挑战了几个月,快乐的是有了一个共创的好结果。当挑战达到极限的时候,继续前行就是曙光。从成长的角度讲,这不只是一个文字游戏,和林浩光先生不断讨论的过程是战略逐步清晰的过程,真可以说是一次"铁杵磨成针"的历练。

品牌推广——"能源之道"

那年我们主打一个技术领先的主题。面临的挑战是如何把枯燥的技术和术语变成人们能够理解、易懂又好看的广告创意。这一挑战首先是对"real energy for the real world"的翻译。

广告公司提交了六七版的翻译,但都不尽如人意。关键词是"real",面对三个艰难的挑战,作为一个能源公司,我们要寻求一切解决方案,而不只是简单地选择化石能源或新能源来满足日益增长的需求。这层意思在广告公司的文案里一直没有体现出来。某天早上在上班的路上,我在高速公路的路牌上看到"我能!"这样一

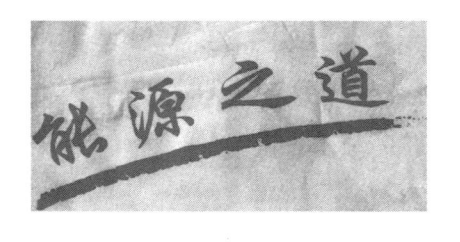

个广告，不知为什么，"能源之道"一词就突然出现在脑海里。"道"在中国的文化中，有多种内涵和意思。"能源之道"的"道"，可以理解为提供各种能源解决方案，也可以理解为提供解决方案的途径和方式方法，比如通过技术开发，以合作和伙伴的方式，也需要各方如政府、商界和消费者共同努力，等等。这一建议得到壳牌（中国）林浩光先生和其他管理层的认可，几经沟通，也得到了总部的批准。这样，我们品牌推广的中文版主题词就确定了。

那又如何把技术的故事讲好，而又不至于晦涩难懂、干巴巴呢？我们选了这样几个技术。我们在南海石化项目中，采用了壳牌的环氧丙烷专利技术。跟传统的技术相比，采用这一技术后每生产一吨产品就能节省22吨水，我们的年产量是450万吨，也就是说，一年省下来的水就相当于一个中小型水库。所以我们讲的这个有关技术的故事就变成"我们的工厂有一座看不见的水库"。另外一个是我们的洁净煤技术，将煤转化为合成气，残余物可以用来生产化肥，化肥可以跟农业结合起来，所以创意就是煤和棉花的故事，一黑一白。再有就是氢能作为汽车燃料，排出来的是水，而且氢能汽车噪声小，所以可以从这一角度去讲氢能燃料的故事。有了讲故事的角度，怎么呈现呢？几经尝试，最终选定了"真人讲故事"的方案，即不请明星大腕。讲南海石化项目技术故事的是某装置的一名工程师；一位同事的女儿负责讲洁净煤技术的故事，她一手拿着乌黑的煤块儿，一手握着雪白的棉花；氢能的故事则是由当时发展该业务的一位经理来讲。这样,我们的技术就通过真人讲故事,生动地呈现出来了。从今天的角度看,这是"品牌人性化"的好案例。我们在2006—2007年就做到了,还是很值得骄傲的!

在主品牌的推广中,我们的所有素材均源自业务,同时在推广的内容和方式上,公关部也是和业务部门紧密配合。2005—2006年,我们和加油站业务一起做了线下的推广,把"节能减排"的理念和我们的油品、司机的安全节油驾驶行为结合起来,在加油站业务的主要开展城市天津、成都等地推广,在加油站业务的市场推广中表现优秀的人还有机会和我们请来的全球节油大使泰勒夫妇面对面,学习安全和节能驾驶技巧。泰勒夫妇在2006年创下了用24箱油开车行驶近30 000千米穿越25个国家的吉尼斯世界纪录。这一合作提高了主品牌节能环保的知名度,同时也直接为业务带来了价值,在推广期间,参与推广的加油站销售业绩实现了两位数增长。

在主品牌"能源之道"的推广中,我们还和油品市场部合力计划媒体宣传,这样我们就在各大媒体的投放中做到了时间和版面上的协调,避免了不必要的重复,拉长了投放时间,让"子弹"多飞一会儿,提高了品牌的曝光度。

小结

关于战略叙事

关于战略沟通,《麻省理工斯隆管理评论》曾对标准普尔(S&P)

500强企业如何沟通战略重点进行分析，并结合自身为企业提供的相关服务，总结了清晰沟通战略的六大特点：

（1）战略重点不能过多，最好不超过10项：清晰明了的战略重点既表明管理层做足了功课，做出了选择，而不是随意拉清单，也表明管理层对战略目标的承诺。这样做让利益相关方更容易理解企业的战略重点。

（2）对战略重点简要说明：有些企业简单地列出"投资基础设施"或"国际扩张"的战略重点，但未说明这些重点具体是什么。有些企业做得不错，比如Salesforce，这是一家美国云技术软件公司，它在介绍"拓展新的平行市场"战略时，提出"作为增长战略的一部分，我们将在包括分析、商务和物联网在内的新领域提供解决方案"。

（3）说明如何实现战略目标：解释如何实现战略目标，给出具体实例是另一种说明战略重点的做法。Salesforce将"延伸现有的服务"作为战略重点之一，并进一步说明"我们在AI方面投资不菲，以便创造'Salesforce爱因斯坦'，给我们的用户提供更多的预测性体验"。具体的例子可以让利益相关方明白企业如何行动以实现其目标。

（4）解释为什么重点为重点：企业应沟通战略重点的重要性，它们如何创造价值。比如著名旅游网站亿客行（Expedia），它就说明了为什么产品创新的承诺对客户有价值：公司的创新"让客户更容易搜索和购买旅行方案，帮助客户找到并预订最佳旅行安排"。说明"做什么"和"为什么做"特别重要，尤其是战略重点在短期内对盈利的影响不明显。

（5）分享实现目标的进展：有些企业就战略重点的进展提供具体的结果报告，如成本节约、市场份额或新产品发布。游戏开发商艺电（Electronic Arts）的一个战略重点是"电子化"，为此它每年报告其电子销售的增长。战略目标的量化进一步说明了其重要性，说明管理层的重视，并将能否实现目标和管理层声誉挂钩，更提高了战略的可信度。

（6）设定未来的具体目标：管理层通过设定具体目标，进一步表明对战略重点的承诺。2014年，嘉年华邮轮公司确立了"可持续发展的运营"战略，并公开承诺"到2017年为70%的邮轮安装新的空气排放系统"。这样的公开承诺把管理层声誉和能否实现目标挂钩，也消除了人们对企业目标只是"说说而已"的疑虑，更增进了利益相关方对企业的信任。

虽然这六个步骤看似简单明了，但《麻省理工斯隆管理评论》的研究表明了只有少数企业可以一如既往地做到。研究人员从标准普尔500强企业的年报中识别出了1 508项战略重点，但只有41项战略，即不到3%做到了上述六个步骤。看来，制定战略是一方面，战略的实施和沟通则是"知易行难"。

《哈佛商业评论》在2011年的一篇文章中也提到了战略沟通的几大要素：

（1）战略的信息要简单，但意义要深刻。

（2）基于对市场和客户的洞见，采取相应的行动。

（3）启用"激发—教育—加强"的构建和沟通模式。

（4）在沟通中采用更多的不同方式，而不仅仅是CEO释放信息；多次沟通，而不是一次完成。

（5）采用"更人性化"的沟通。

（6）讲故事。

（7）采用多媒体，实现更多的"出其不意"（有创意）的沟通。

（8）要有必要的投资，有预算可以做得更好。

对照上述著名管理咨询机构有关企业战略沟通的分析调查研究结果，2006—2010年壳牌（中国）战略的构建和沟通可以说做到了大部分要求：在充分了解市场的情况下，先繁（十几页的叙事）后简（一页PPT）制定了简单明了的战略；在沟通中，十几页的叙事是一页PPT的注脚——说明为什么，以及怎样实现战略重点；沟通自上而下，通过多渠道（员工大会、网站、公司刊物等）让员工充分理解，同时又自下而上——各业务单元分解其如何实现战略重点，我们向总部的汇报也沿用一致的重点；沟通内外兼顾，在品牌推广、外部会议和演讲中，分享我们的战略重点和进展；在品牌推广中，通过真人讲故事的方式，体现"技术优先"的战略。

关于品牌推广

品牌推广是创造、发展、改变或提高企业或个人品牌认知度的战略行为，有别于侧重提高销售的营销推广。品牌推广和营销推广的共同之处是要考虑目标、受众、预算、创意因素，推广渠道则有电视、广播、纸媒、邮件、社交媒体、户外广告等。

品牌推广从战略考虑开始。亚马逊创始人贝索斯说"品牌是你不在场时，人们对你的评价"。品牌推广可以以此为起点。你希望给人们留下什么印象？你希望人们如何向家人、朋友介绍你？这些最终决定了你的品牌和业务的成功。品牌推广战略也要围绕此展开,并保持持续性和一致性,让受众了解品牌特质,知道可以从品牌中得到些什么,从而建立对品牌的熟知度和可信度。

为建立长期品牌价值和信任度,取得竞争优势,沃特利(T. Whatley)在营销教育平台CXL上撰文,建议在制定品牌推广战略时考虑以下几个要素:

(1)目的/初心(purpose):这是企业存在的原因。正如西蒙·斯内克(Simon Sinek)著名的"黄金圈法则"所言,即做事之前先要问为什么(why),再想怎么做(how),最后才是做什么(what)。

(2)为什么(why):很少有人能清楚说明自己为什么会做现在所做的事情。为什么指的并不是赚钱,赚钱是结果,不是原因。"为什么"是目的、使命和信念。公司为什么存在?你每天为什么起床?别人为什么要在意你们的产品?

(3)怎么做(how):大家通常用怎么做来解释为何某些事物不同于或优于其他事物。虽然答案不像做什么那么明显,但很多人以为怎么做就是产生不同策略或结果的主因。事情绝没有这么简单,因为还有以下关键要素。

大部分组织或个人的行为模式,通常都是从这样的黄金圈由外向内,也就是从做什么、怎么做到为什么。原因很简单,大家通常都从比较清楚的事开始做,最后才轮到比较模糊的事。我们通常都能很清楚地说出自己在做什么,有时也能说出怎么做,但很少会说自己为什么做。然而,那些能够激发热情、启发人心的组织与领导者却不一样,其行为模式是一种由内向外的过程。

下面举两个品牌的例子:

星巴克——我们的使命：激发和滋养人类的精神：一次，一人，一杯，一个社区。

可口可乐——提振世界……激发积极向上和幸福的时刻。

（4）定位（positioning）：你希望人们如何看待和感受你的品牌？比如苹果公司的品牌定位是为有创新力、想象力和创意的人提供美好而创新的技术。

（5）承诺（promises）：品牌承诺是让员工、投资者、合作伙伴和客户清楚地知道可以对品牌有什么期待。比如，麦当劳的品牌承诺是"为客户提供简单易得的享受"。

（6）一致性（consistency）：在每一个触点上，人们对品牌的面貌、感觉和对声音的感知要一致。所有信息无缝衔接，不会降低人们对品牌的感知或使人们产生混淆。一致性可以提高人们对品牌的熟知度。有调查显示，71%的客户会在熟知品牌或至少对品牌有所了解时做出购买决定。而营销实践中还有一条"7次之规"，即客户至少要和品牌接触7次才会最终购买，所以高熟知度非常重要。

回顾我们做的"能源之道"品牌推广活动，它把当时公司的品牌定位（面对世界能源的三重挑战，提供各种能源解决方案）和在中国的战略重点之一"技术优先"结合起来，还以员工为"品牌大使"讲述技术背后的故事。推广的渠道有纸媒、网站、路演和大型论坛等。

第四篇

亚太和全球的公关领导：
又一个第一

第十章
与意见领袖的合作

推广和倡导使用天然气

2013年,我们建立了一个全球业务部门——一体化天然气(IG),该业务部门负责天然气的生产、加工和销售,业务总部设在新加坡。我开始负责管理亚太区兼全球一体化天然气业务的公共事务。天然气业务的公关团队规模不大,但责任大、任务重,负责该业务的所有内外沟通。对外沟通的重点就是推广和倡导使用天然气。一是因为天然气是较为清洁的化石能源,用于发电时其碳排放仅是燃煤发电的一半,同时颗粒物、氮氧化物、硫化物等污染物的排放也低很多;二是因为天然气已成为壳牌一个重要业务板块,推广天然气既有益于壳牌业务,又有益于环境。

2013年,我们推广天然气是基于三个A——availability(足够的供应)、accessibility(容易获得)、affordability(经济性);而壳牌又是推广液化天然气的鼻祖,实现了产、供、销一条龙,也因此被业界视为天然气领域的领头羊,这些优势是壳牌成为倡导使用天然气的意见领袖的重要条件。

为此，我和团队做了详细的内外沟通计划，涉及内容信息、推广渠道和内部层级的角色分工——也就是，讲什么，怎么讲，由谁讲，什么时候讲，在哪里讲。比如在世界天然气大会上，执行副总裁、副总裁、专业人士相对应的主题领域及定位分别为：执行副总裁发表主旨讲话，副总裁专注于其负责的业务领域，专业人士则注重其专业课题，如浮式液化天然气（floating liquefied natural gas，FLNG）、气制油（gas-to-liquid，GTL）等。清晰的定位和明确的分工可以让我们针对各种需求的沟通有的放矢，便于排列优先次序，也可帮助我们和业务领导决定参加或不参加哪些会议或活动。

渠道也很多样。公司有自己的平台，比如可以将壳牌愿景的发布作为一个契机，把天然气的作用和角色放在宏观的能源解决方案背景下去谈；还可以充分利用"壳"动未来品牌推广活动，给各业务提供展示其创新的机会。外部渠道有各种与天然气相关的世界级大会，如GASTECH、液化天然气峰会（LNG Series）、世界天然气大会等，壳牌都是主要参与者，从大会主旨演讲到参与各议题，这些会议一般还设有互动展台。此外，还有一些区域性的和主要市场的行会，如中东地区的ADIPEC大会、新加坡的年度国际能源周等。沟通计划的清晰定位让我们可以有条不紊地开展这些既定工作和项目。

同时，我们还"跳出圈子"，积极寻求各种外部机会。一些巧妙契机看似与能源和天然气无关，但却有着"四两拨千斤"的作用。亚洲是使用煤电最多的地区，同时也是全球空气污染严重城市最集中的大洲。据Smart Air统计，2021年全球空气污染最严重的

139

前10个城市，有9个在亚洲。每年的4月22日是"世界地球日"，2013年"世界地球日"的主题有关空气污染。抓住这一机会，我们推出了一篇一体化天然气业务执行副总裁的署名文章，强调用天然气取代煤既可以满足亚洲日益增长的能源需求，又可以帮助解决困扰亚洲的空气污染问题。文章从亚洲视角展开，各市场可以根据当地的具体情况，加入相关信息。这篇署名文章后来得以在亚太区八九个市场的一线媒体上发表。文章的观点、内容以及我们在各市场上的媒体关系是取得如此成果的关键。每年的6月5日是"世界环境日"，2018年，我们借机又推出了有关天然气的署名文章，这次除了在主流媒体上发表以外，还增加了印度、中国等重点市场的社交媒体推广，让传播更加广泛。

在通过媒体传播和推广的同时，我们还有计划地为媒体创造了解天然气业务的机会。从2008年起，新加坡政府主办的一年一度的国际能源周成为一个国际大型能源展会。2014年，我们把壳牌全球的创新推广（Innovation Campaign）带到了新加坡国际能源周上，重点展示了有关天然气的创新，如浮式液化天然气（FLNG）和气制油（GTL）等领先技术。同时，还安排壳牌科学家现场演示深冷到 $-162\,℃$ 的液化天然气的再气化过程，讲解液化天然气（LNG）技术及其应用并解答疑问。

国际能源周吸引了世界各国的媒体汇聚新加坡。我们借机邀请亚太区相关媒体举办了一场天然气的知识普及培训会，让媒体了解天然气的基本知识和天然气整个价值链的全貌。2015年有一艘液化天然气运输船在新加坡港检修，利用这一难得的机会，我们邀请亚太区媒体走进液化天然气运输船船舱，了解和体验液化天然气的

"旅程"。2016年，我们邀请了亚太区一些媒体到菲律宾的海上天然气平台参观，到天然气产业上游的原点，目睹天然气是如何开采出来的。这些"点"上的安排，得益于周密的计划，对业务战略和运营的了解，以及跨越时空的团队配合。以天然气的叙事为主线，串起一些关键"点"，这样我们倡导使用天然气的"面"就比较清晰了。

多种形式和尝试

2015年，我们还和壳牌全球品牌创意部门一起尝试通过众筹让年轻人制作MoFilm，讲述他们身边的天然气和能源故事。这些短片从能源消费者的角度，讲述了天然气和能源的故事，更能引起受众的共鸣，更有说服力。其中一个短片讲到人们每天的日常生活，从一睁眼的早餐咖啡壶，到手机充电、开车上班，再到深夜的电视机，无不需要能源，其中就包括天然气转化而成的能源，同时也传递了做一个负责任能源消费者的信息。

收购英国天然气集团（BG）后，我们又把BG每年做的液化天然气展望延续下来。从2017年起，每年的二月底发布，其已成为媒体和能源界期盼的年度重磅洞见。内容涵盖上一年全球天然气和液化天然气的供需回顾、未来的主要趋势。除了进行全球发布以外，我们还在重点市场如中国和印度进行专场发布；同时，还安排了诸多内容通过网站和社交媒体传播。

2018年我们邀请菲律宾、马来西亚和新加坡的大学生一起开展了一场线上和线下同步的"能源辩论赛"，这场辩论赛涉及更广泛的话题、能源挑战和转型，旨在通过和年轻人对话，让更多的人了解并参与到能源转型的讨论中,因为能源转型和低碳可持续的未来息息相关。世界需要更多、更清洁的能源,即更多的能源、更少的二氧化碳,这是双重挑战,不仅需要多方参与,更需要年轻一代的参与和创新。现场有内外嘉宾组阵,该辩论赛通过推特直播。这场辩论赛是亚太公共事务和全球一体化天然气业务合作的成果,亚洲是该辩论赛的第一阵地。

回想 2013 年全球一体化天然气业务成立时,我们当时的业务公关团队只有三四个人,能在最初的两三年建立起壳牌在天然气领域的意见领袖地位,我们所做的努力虽然没有什么惊天动地之举,但还是可圈可点的。我有这样几点感悟:一是要有全面的方案,清晰的目标,完整的叙事,明确的定位和分工;二是要善用一切可以利用的资源和渠道;三是整合,通过整合产生最大化的效应;四是创新,不仅仅是新概念和创意,也包括创新做法和尝试新做法。一方面是感性的故事,另一方面是理性的思辨。当然,作为业务部门的公关人,最基本和核心的要求就是熟知业务。

合作推动可持续发展和低碳经济

自 2015 年巴黎气候大会召开和《巴黎协定》通过以来,低碳和可持续发展再次成为各国政府、各商业企业的关注重点。可持续发展的话题由来已久。可持续发展的概念是在 1987 年联合国世界环境与发展委员会出版的报告《我们共同的未来》中正式被提出的;20 世纪 80 年代的环境报告是可持续发展报告的前身;到 20 世纪 90 年代,可持续发展理念越来越得到商界的重视,更多企业开始发布可持续发展报告或企业社会责任（CSR）报告；2004年，联合国全球契约组织发布报告《有心者胜》（*Who Cares Wins*），首次提出ESG（环境、社会、公司治理）概念；随着气候变化问题的紧迫性突显，在2015年通过的《巴黎协定》和2021年第26届联合国气候变化大会的推动下，世界各国纷纷提出碳中和目标。

在这里我想分享一些跟主要的利益相关方合作、倡导低碳解决方案和可持续发展的项目和经历。

中国低碳经济研究

2006年英国的经济学家尼古拉斯·斯特恩（Nicolas Stern）发布了著名的《气候变化经济学：斯特恩报告》。该报告的主要观点是尽早和强有力地采取行动应对气候变化的收益远大于不采取行动的成本。这一报告在政界和商界引起了强烈反响。2007年底，与壳牌在可持续发展和环境方面有多年合作的李来来博士找到了我。李老师当时在瑞典斯德哥尔摩环境研究院（SEI）工作，她提出一个方案，想做一个有关中国低碳经济的研究，希望壳牌可以支持。我把这个方案推荐给了壳牌（中国）和集团领导，积极和总部相关部门沟通。因为项目和壳牌的可持续发展理念非常吻合，方案很快就得到了总部的支持，壳牌得以作为唯一的国际能源公司参与中国较早的低碳经济研究。我有幸作为壳牌代表之一参加了在斯德哥尔摩的项目启动会，在会上集团专家还分享了壳牌的能源愿景，并有机会接触到参与该项目的国际和中国相关专家和智库，如斯特恩和国务院发展研究中心的团队。研究团队最后发布了报告《中国气候变化：走向低碳经济的路径》（*The Economics of Climate Change*

公关生涯

《中国气候变化：走向低碳经济的路径》

in China-Towards a Low-Carbon Economy)，为可持续发展和中国低碳经济发展献计献策。

能在十几年前参与具有前瞻性的宏观研究，一方面让壳牌有机会提供有关能源的思路和见解，另一方面也让我们有机会了解中国的宏观政策，并和低碳经济利益相关方建立关系。我们对中国的一些主要智库，如国务院发展研究中心、清华大学和国家发展和改革委员会能源研究所等，都有了更进一步的了解和接触。这为我们以后要做的事情搭建了人脉。当然，这不是做项目的出发点。

可持续交通论坛

之后不久，我们的油品业务同事产生了一些推动可持续交通的想法。在当年还没有"能源转型"的提法时，可持续交通是很具前瞻性的想法。这一概念的核心是如何为超大城市提供可持续的交通解决方案。在经济日益发展的同时，超大城市的交通拥堵或者所谓的"大城市病"也愈加突出。当时下游业务同事的建议是为超大城市提供更加智慧的交通解决方案，与相关的跨界商业伙伴一起合作提供涉及能源效率、城市规划、交通运输等方面的综合解决方案。我在参与低碳经济项目时和国务院发展研究中心产业部 FF 部长建立了不错的关系，于是和油品业务同事一起与国务院发展研究中心产业部进行了多轮详细的沟通，把可持续交通放在中国城市化进程加速的大背景下讨论，后者对超大城市的可持续交通解决方案的想法很感兴趣。就这样，我们和国务院发展研究中心一起发起了几场超大城市可持续发展圆桌会议和研讨会，涉及的城市包括北京、上海、重庆等。在这些会议上，我们还邀请相关公司加入，比如城市规划方面的 ARUP、提出智慧城市的 IBM 等，还邀请了日本和欧洲在可持续城市方面研究成果突出的专家分享经验。这种综合的交通解决方案涉及运输车队集散地、燃油、道路等诸多壳牌下游业务，因此这些会议也邀请了业务部门一起参与。

最后，我们还在唐山运作了一个实例。唐山是经历过 1976 年大地震的老工业城市，就主观愿望而言，唐山非常希望能建设成可持续发展的新城市，于是几家公司一起为唐山的城市规划进行了一次深度把脉。这一合作让我们跟国务院发展研究中心建立了比较密切的关系。

中国能源研究

说来也巧，在 2010 年下半年，当时的壳牌全球董事会主席约玛·奥利拉（Jomar Olila）来中国访问，跟国务院发展研究中心主任谈到了中国经济转型所遇到的问题，希望可以做一个综合的能源政策研究，为中国的可持续发展总体设计出谋划策。这次会议后的跟进由我负责，要在短期内把高层意向落到实处。

2010 年 12 月，在总部愿景课题组和集团战略部 EVP 的帮助下，我们把合作框架搭建起来，由我和国务院发展研究中心对接。在圣诞节的前一天，合作协议签署。2011年1月，我们双方就在北京启动了壳牌–国务院发展研究中心能源研究项目。第一阶段有四个板块：能源愿景，能源技术，智慧城市，能源政策。我作为项目的总协调人，把壳牌的项目管理思路应用到这一研究项目中，搭建高层和工作组的对接机制，以及时解决方向性问题，提出建议和指导意见。每个课题由双方的人员共同负责。各课题组在理清思路后，在规定的时间内给出研究报告，其间还设置了两三次的审核会。

2011年10月，按计划进行第一期的中期汇报，在壳牌海牙总部举行。为了这个中期汇报，我跟中方工作组成员一起工作了近一个月，把从2011年1月启动以来九个月的工作总结梳理成中期报告。同时，最重要的是把需要汇报的资料精简成汇报会可用的格式。

中方专家能写很详尽的专业报告，但提交的总结基本上是文字版的PPT，因此，我与中方工作组成员肩并肩地工作了近三个星期，把每个课题总结成主要议题、研究方法和事实数据、主要结论和建议，并统一格式。对于这次中期汇报，双方的高层都非常满意。

之后不久，我因为在2012年1月接手亚太区的公共事务，就把能源研究项目的协调工作交给了壳牌（中国）的其他同事。2012年下半年第一期研究结束。中方合作伙伴FF先生发来邮件，说我在这个项目中起到了不可估量的作用。虽然我只做到第一期的中期，但万事开头难，第一年的工作开好局很关键，从搭建合作框架，到组建项目组、确定双方的工作方法，我的努力使得项目从一开始就奠定了比较好的基础，从而第一年的运作就十分顺利。到目前为止，这个项目已经做到第四期，双方的人员更替都非常多。

有一次，我在韩国见到当时担任集团战略部 EVP 的 HB，他现任职于集团执委会并负责全球项目技术，我们聊起当年参加壳牌 - 国务院发展研究中心能源研究项目的情景。他风趣地说："我们应该是这个项目的祖父母。"哈哈！我这个"奶奶辈"的人很高兴能从一开始就参与到这样具有战略性的项目中，充当开拓者的角色并在工作中向中外专家学习能源知识和洞见，同时为项目启动和运作打下良好的基础。

沟通在项目启动和初期有重要的作用：一是帮助双方尽快了解彼此的需求，找到"桥梁"，达成共识；二是建立沟通机制，不同层级的定期沟通，既包括方向性的高层互动，又包括日常的工作交流；三是在具体的沟通中，了解双方的沟通特点和偏好，做好相应准备，包括文件的内容和格式，以便让双方的沟通更加顺畅，很多工作细节都是"工夫在诗外"。

2007—2011 年壳牌（中国）这几个项目的共同特点是，作为领先的能源公司，壳牌不只提供产品和服务，同时也积极参与和倡导制定更加长远的可持续的能源政策，为快速发展的中国献计献策。这是

代表公司参加外部活动时演讲的图片集锦

公共事务的重要部分，也是我们能为公司业务发展和声誉建设加分的领域，即通过建立良好的利益相关方关系，了解、洞察商业环境和政策变化，把握机会，通过合作和伙伴关系，建立公司的意见领袖地位，并借此为所在市场和政府提供关于能源和整个经济可持续发展的建议和意见。

小结

"意见领袖"是《战略与业务经营》的创始人兼主编卓尔·考茨曼（Joel Kurtzman，1947—2016）提出的。考茨曼是美国经济学家，以对经济和商业的独到见解著称，他还担任过《哈佛商业评论》的主编。考茨曼将"意见领袖"定义为"对所在行业有非同寻常的原创想法、独特观点或创新洞见的人"。从那时起，"意见领袖"不再只是一个时髦词汇，它对商业企业及其决策产生了重大影响。很多大企业和企业高管力图成为业界的意见领袖。成为意见领袖并非一蹴而就，需要专注、耐心、战略等，要有专业的洞见，要有对某一领域或话题的激情和分享的冲动。渐渐地，意见领袖也成为近年来"内容营销"的重要手段之一。企业纷纷利用社交媒体或其他手段，提高企业和企业领导者在业界的影响力，从而提高品牌的知名度、信任度和喜爱度。

在这方面，苹果公司创始人乔布斯是大师级的意见领袖。乔布斯坚信"你得有些与众不同，人们才会购买苹果电脑"。他的这一信念激发了苹果公司1997年的创意广告《非同凡想》（*Think Different*），宣扬"那些疯狂到以为自己能够改变世界的人，才能真正改变世界"。这一创意不仅致敬改变了历史的伟人们,还激励了无数觉得自己与世界格格不入的人,更打动了苹果公司的客户。苹果公司的股价在这一广告推出之后的12个月内翻为原来的三倍,同时,苹果公司亏损两年的业务也在1998年盈利。苹果公司的逆转,不仅仅得益于《非同凡想》这一广告,更是因为乔布斯1996年重返苹果公司后的一系列改革,砍掉众多产品线,仅保留4款产品,专注于把产品做到更好。"不只是好一点儿,是好很多",乔布斯1997年5月在苹果公司全球开发者大会(WWDC)上这样说。正是"好很多"的信念驱使着乔布斯领导的苹果公司持续创新,"让世界变得更好"。乔布斯是非同凡响的商界领导和意见领袖的典范,激励人们持续创新,敢于与众不同,从而推动社会向前进。

从战略的角度讲,综合西部州长大学、《福布斯》等有关意见领袖的文章,我总结了以下几点仅供参考:

(1)清晰界定专业领域。这可以更好地帮助企业和企业领导者建立可信度,增强企业品牌的影响。举个例子,我在优兔上看到很多"极简主义"意见领袖,他们有自己的故事和主张,还不断深耕有关极简的各类话题,从家居整理到生活态度等。比较有名的有乔舒亚·菲尔茨·米尔本(Joshua Fields Millburn)和瑞安·尼科迪默斯(Ryan Nicodemus),他们的"更少的生活"理念通过图书、网站、播客等传播,让他们成为知名的"极简主义"意见领袖。

(2)专注于几个而不是多个话题。这可以提升企业/个人在选定领域的话语权,而不至于过于分散。上述极简主义就是一个例子，从企业的角度看同样如此，比如环保是个大话题，但企业可以根据自己的业务特点选择一个点，比如能源供应链上的企业可以依据专长和产品专注于节能或减排的话题。

（3）持续更新，与时俱进。好的意见领袖会不断提供与时俱进和具有前瞻性的想法和信息，尤其是在瞬息万变的技术领域。2017年，领英推荐了十大技术领域的意见领袖，包括比尔·盖茨、乔布斯等。

（4）兼收并蓄，拓宽视角。虽然上面提到专注于擅长的领域，但好的意见领袖也会考虑兼收并蓄，关注本领域内的有关趋势，拓宽视角，包括听取同行、员工、客户和其他行业领袖的观点。西蒙·斯内克在著名的有关"黄金圈法则"的演讲中说道："能从不同渠道观察和汲取信息的领导能更好地了解市场的需求，进而创造出更好的想法。可信度来自专业视角加上谦卑、诚信和以人为本的领导力。"

从企业的角度讲，在打造意见领袖时可以考虑通过企业的CEO或其他企业领导者，生产可信的内容，如白皮书、行业调研报告等，并通过传统媒体和社交媒体等进行传播。就可信度而言，我特别认同"理念营销而非产品营销"的意见领袖策略。前面提到的苹果公司的广告《非同凡想》就属于这一类。

在操作层面上，意见领袖的内容营销需要周密的计划，包括话题的调研，内容具有相关性、独特性，挑战传统思维和行事方式，推动变革，有教育价值，当然也是受众想要了解的。了解受众的需求，除了话题调研外，还可以对现有受众进行测试，包括现有客户、潜在客户、媒体、员工，让他们成为意见领袖内容营销的"试金石"。

有关意见领袖的一些想法和例子包括：独到的经验或解决方案、成功案例；不同于常规的做法或思路；有关产品、客户或研究的丰富数据或统计；行业研究和洞见，这是利用专业、专长的好机会。传播内容还可以来自和客户或业界其他意见领袖的合作，或者企业领导者的个人经历和故事。

从传播的角度讲，内外渠道要并用，比如公司网站、社交媒体、电视短片等。也有一种观点倡导意见领袖的意见传播不是广而告之，而应是"窄频"沟通，建议只针对有关的受众，即对话题感兴趣、乐于参与的受众；传播渠道的选择也应更聚焦，比如社交媒体、视频会议等。"窄频"沟通因为小众，所以对内容的专业性、创意和传播中的互动性要求都更高。此外，在电子媒体和社交媒体大流行的今天，也别忘了传统手段，比如和媒体建立关系，通过媒体的报道放大传播效应，如发表评论文章和署名文章；还有参加会议做演讲。

在意见领袖内容营销上，管理咨询公司如毕马威、麦肯锡、普华永道、埃森哲等由于有广泛的商业网络，不同领域的专家和相关的研究报告，都有不错的内容营销。比如麦肯锡在公司网站上就提供各种话题选项，读者可以订阅每日内容推送或相关专题信息等。软件公司欧特克（Autodesk）曾经有一个针对小企业的内容博客 Line//Shape//Space，获奖无数。随着业务的发展，营销团队意识到要和不同规模的企业沟通，于是创立了新的内容平台 Redshift，其名字源于物体在空间穿行的科学现象。Redshift 专注于未来的制造，提供建筑、施工、基础设施、生产技术和可持续发展等方面的内容，包括机器学习、可再生设计、机器人等领域的最新趋势。Redshift 的到访者可以提出个性化的内容需求，AI 算法还会依据读者之前的阅读和互动推荐相关内容。同时，Redshift 还推出了以公司高管为作者的专栏《我的设计大脑》（Inside My Design Mind），以充分利用公司管理层的智慧和洞见。由于高层的参与，欧特克之后还成功地组织了让员工参与的"品牌大使"活动。

领英和爱德曼近几年联合发布了企业对企业（B2B）行业意见领袖影响报告，其 2021 年报告分享了几大趋势：

（1）疫情导致低质量内容泛滥，降低了 B2B 行业决策者对意见领袖内容的价值认可；但超过半数的受访者仍然期待高质量的意见领袖内容。

（2）意见领袖内容对沟通至关重要，但企业必须言之有物，才能在嘈杂的市场上脱颖而出。

（3）对于非市场领跑者，好的意见领袖内容可以有效建立企业的可信度。

（4）优质的意见领袖内容能很好地平衡权威与亲和的调性，从而既"烧脑"又"有趣"。

（5）意见领袖领域的竞争愈加激烈，企业要适时评估其战略计划。

回顾我所参与的政策研究等相关项目，更多的是从公司在能源方面的专长和洞见以及独特的视角，如能源愿景、为中国的能源发展献计献策，而非产品或服务营销出发，建立公司在特定利益相关方（政府、智库、合作伙伴、客户等）的口碑和信任度。在开展这些项目时，内容营销还没有兴起，如果重来一次，相关内容的分享和交流可以多维度展开，比如除了独自发布报告外，还可以联合媒体发布、组织线上线下讨论等。近几年，我们在全球和亚洲的类似项目上，如在马来西亚、印度和中国的能源愿景合作项目上，就启用了意见领袖内容营销的多种策略和手段。

第十一章
与员工的内部沟通

员工是重要的利益相关方,与员工的沟通是公共事务一项很重要的内容。良好的内部沟通有以下作用:让员工了解公司的战略方向;激励员工支持并参与公司的发展,让员工感受到被重视、被尊重;提高士气,让员工有归属感;提高员工的忠诚度,并愿意成为公司品牌的代言人。

就职能划分而言,各企业的管理线多有不同,内部沟通工作有归公共事务部的,也有归人力资源部的,还有单独成立某一部门的。在壳牌,内部沟通的组织归属经历了一些变化:1995年到2014年前后,内部沟通是公共事务部的一部分;2014年内部改组,把内部沟通的管理划归了人力资源部,总部和各业务板块的内部沟通是直线汇报,而在大部分市场,这一工作依然由公共事务部承担。除了总部和市场的维度以外,还有各大业务板块的内部沟通。业务板块是全球直线汇报,业务战略、绩效等由业务板块的内部沟通专员负责。从组织架构方面来说,内部沟通的实施和管理是矩阵式的。各市场,尤其是具有多元业务的市场,内部沟通就更是矩阵式的,既要横向上跨越不同的业务,也要纵向上为重点业务的内部沟通服务，处理起来更为复杂，作用也很关键。2020年，壳牌内部沟通的管理回归公共事务部。

无论内部沟通组织架构如何变化，内部沟通的重要性始终未变。正如佩奇公关原则之一所说：员工言行代表了公司的个性。

在我的公关生涯中，我有机会参与和管理各个节点的内部沟通，有一些可以分享的故事和经历。

战略沟通和沟通战略

这不是文字游戏。内部沟通在公司战略和业务战略的上传下达中肩负重任。正因如此，内部沟通需要有好的计划，包括：明确沟通的目的，准备叙事和信息，确定渠道和时间，帮助业务领导做好沟通的准备。麦肯锡的一份调查显示，良好的内部沟通可以使员工的工作效率提高20%~25%。良好的沟通不仅可以让员工了解公司和业务的目标，还可以让员工感到被倾听、受到重视和尊重，从而愿意更努力地工作。

我接触的各级领导，大到集团领导，小到部门领导，大都很愿意沟通。但他们从构建公司与业务目标和叙事，到如何有效地进行内部沟通，都需要专业的帮助。2006年我刚刚出任大中华区公共事务董事时，正值公司在中国的战略形成。我和团队参与了多次讨论，提炼出相关的要点，经过打磨、精简、再精简，最后形成了一个简洁明了的中国战略图和叙事。这是一个和业务部门共创的过程。之后，在大小内部会议上，那个战略"小房子"奠定了各种沟通的基调，让员工对公司的目标和重点了然于心；各业务部门的战略也基于此。这样，全公司的沟通叙事和信息做到了协调一致。

在全球一体化天然气业务建立之初的2013年，我和团队花了大部分时间和业务团队合作，构建这一全球业务的叙事和信息，形成文字稿和标准的演示文稿；同时，在公司全球机构各类沟通中，如季报、重大事件说明会、年终和年初的高层讲话，所有的业绩和进步都按照既定的业务战略和重点描述，这样可以让全球员工对业务重点耳熟能详。

战略沟通只是员工沟通的目的之一。建立员工对企业和企业领导的信任、对品牌的喜好和忠诚也是重要目的，这一点和外部沟通的目的类似。沟通的形式和手段也很重要，包括面对面会议，电话/视频会议，邮件，内部网，内部社交平台（如Yammer、微信公众号），等等。更重要的是双向沟通，形成对话才有交流。对于现场的问题要现场回答，线上交流中没能回答的问题之后要回复——对待员工和对待外部利益相关方一样，要建立信任。公开透明的对话交流是建立信任的途径之一。

在内部沟通中要避免"一言堂"和只有领导说个不停的单向输出，可以请不同的领导谈相关话题，也可以让前线员工分享战略实施实例。我们还尝试过"鱼缸"（fishbowl）式的参与式讨论方法，即5~6个领导或议题专家坐中间（"鱼缸"），外圈是员工，大家可以随意向任何一位领导或议题专家发问。这样围坐一圈的形式弥合了台上和台下的分割，拉近了距离，给人以更平等的感觉。

变革管理的内部沟通

业务变化或机构改革时更是内部沟通的重点时期，员工可能会受到影响，因此和人力资源部的沟通和配合非常重要。信息的公开透明和一致性，信息发布的时间和渠道，都是变革管理的重要部分。

在涉及资产重组、并购和变卖时，员工沟通也是格外重要的部分。出于商业保密的原因，很多有关资产变动的沟通发生于商务条款签订以后或变卖决定做出以后。但沟通的计划要提前，包括沟通的叙事、内容、主要信息顺序等；在沟通的顺序上要注意，员工、投资者、媒体一样重要。对于重大资产变动，在此之前还有一个环节是内部高层沟通，然后是全员沟通。

2006年，我们在中国收购了本土品牌统一润滑油。收购完成之前，我就作为谈判组之外的第一个壳牌人和统一的创始人之一LJ进行了"秘密"接触。之所以说是秘密接触，是因为得到了公司一把手和项目主谈的授权，但对外保密。我和LJ就并购沟通达成共识，包括内外沟通的主要叙事、信息等。内部沟通则要考虑双方员工可能提出的问题，比如业务有什么变化、对个人的影响等。并购公开前的一个星期，我们还专门组织了壳牌润滑油领导团队的说明会，他们只有签署保密协议才能参会。我在会上向他们说明并购的沟通计划、主要叙事和信息，因为他们直接面对润滑油业务的员工和客户，必须事先了解沟通的详细计划和内容。同时，这也是并购沟通计划的预演，业务领导了解员工和客户，他们提出的问题有助于我们对沟通方案进行最后的微调。并购宣布当天，先是发布新闻稿和举行新闻发布会，同时将内部沟通函一并发出，之后是壳牌和统一的员工大会，下午和晚上是面向国际媒体的吹风会。从内容和顺序的安排上，可以看出在这一重大业务并购中，内外沟通同等重要。

2014年由于业务计划调整，公司要卖掉在越南的三项业务中的两项。类似于并购，资产的变卖也是保密的，所有的准备工作都由亚太区的相关业务和职能部门承担。商业谈判确定前一周我们才和越南的领导团队沟通，并为宣布当天做准备。由于业务缩减，对人员的影响很大，内部沟通的分量远远大于外部沟通。内部沟通的定位是由于业务战略调整，公司如何负责任地保证受影响员工的顺利交接。在这期间公共事务部的整合作用比较大，涉及和法务部、人力资源部的密切协调，确保沟通信息准确、公开透明。一个很有用的协调方式是，假设自己是记者或外部利益相关方，对于此次业务调整有什么问题，这种"换位思考"可以帮助法务部和人力资源部的同事考虑从不同的角度来处理问题。比如，如何体现对受影响的员工负责？有什么具体安排？这样的提问让人力资源部的同事考虑到了具体的帮助受影响员工的办法，比如聘请外部顾问为受影响的员工提供就业咨询等帮助。这样，与员工的沟通既有"如何说"的部分，更有"如何做"的部分，能让业务调整的变革管理顺利进行。

赋能

在分享的故事中，我们已经看到内部沟通必须是业务部门和各级领导领衔主演，公关的角色是赋能。具体而言，就是帮助各级领导梳理思路、厘清战略，并帮助他们做好沟通的准备。我们为亚太主要市场的中级管理层做过有关内部沟通的技能培训。

这是一个八步模型：

（1）定义沟通的业务诉求：沟通重点和哪个业务目标挂钩？要达成什么？差距在哪？对团队的期待是什么？

（2）沟通目的：想让员工/团队了解、感受到什么或采取什么行动？

（3）主要信息：要讲什么？怎么才能简明扼要讲清楚？需要什么工具，是图表、数据还是故事？

（4）受众：他们是一线员工？他们关心什么？他们可能问什么问题？

（5）沟通渠道：是面对面会议、小组讨论、邮件，还是内部社交平台？

（6）时间：什么时候沟通？沟通多长时间？是否还有跟进的必要？

（7）沟通本身：作为主讲者还要做什么准备？

（8）评估和反馈：如何评价沟通的有效性？如何得到反馈？

这一模型只是一个工具，用于帮助管理者理清思路、做好准备，工具本身并不是万能的。最有效的沟通是管理者具备沟通的意愿和聆听的初心以及真诚，否则所有的工具到最后也只是"术"而已，无法实现让员工心悦诚服的沟通目的。

内刊和员工大会

在纸媒时代,很多公司都有内部刊物,这是内部沟通的重要渠道。1995年,我刚加入壳牌的时候,壳牌大中华区有一份叫《壳牌天地》(Shell Circle)的员工杂志,每两个月出版,一年共六期。那时候壳牌大中华区总部设在香港,这本图文并茂、印刷精美的员工杂志由我们香港的同事MC担任主编。杂志的内容包罗万象,有业务里程碑事件、业务动向,有各部门的团队活动,甚至包括员工结婚生子、新员工入职等。作为编辑之一,我知道做这份杂志得花很大功夫,MC几乎全职做内刊的出版工作。每个故事的采编都需要下很大功夫,那时候照片都得洗印出来并寄到香港。在纸媒时代,大家都非常期待每一期的《壳牌天地》。

对新入职的员工而言,《壳牌天地》也是了解公司整体动向的窗口。我当时从国企转到外企,父亲是不太同意我扔掉"铁饭碗"的。进入公司后,我常常会把《壳牌天地》寄给父亲,让他对公司有所了解,这是我说服很重要的内部利益相关方的一个工具。在对外沟通中,我们也会把《壳牌天地》分享给记者以及社会投资项目的伙伴。这么做当然也是因为《壳牌天地》中的信息都是可以公开的。随着壳牌大中华区的总部搬到北京,《壳牌天地》的编辑工作也移至北京,1997年我们在北京招到了《壳牌天地》的编辑,来自新华社的WJY,2000年以后这项工作由大学毕业生YQ接手。随着信息技术的发展,印刷版《壳牌天地》于2008年左右完成了它的历史使命。

在领导壳牌大中华区公共事务时,我经常主持集团领导来访时的员工大会，一年得有三四次。员工有几百人，北京公司没有那么大的会议室，举行员工大会都得到附近的国贸大酒店或中国大酒店租用大宴会厅。这是兴师动众的活动，我的团队得负责所有的邀请、会场安排、音视频录制、照相留影，涉及活动安排的全部。在完全可以远程线上开会的今天，那似乎是很遥远的过去。刚开始办这种大会时，为了防止冷场，每次在会前还得动员各部门的积极分子踊跃提问发言。后来，集团领导来得多了，大家也越来越敢于直面集团领导，发问不止。

亚太和全球业务的内部沟通

我负责亚太区上游业务以及后来的全球一体化天然气业务的公共事务时，内部沟通是很重要的工作内容。沟通的内容和形式也有别于其他公关团队。更多的是从业务战略、实施和业绩的角度开展大区上游业务的内部沟通或全球一体化天然气业务的内部沟通。这项工作有一定的节奏，比如每个季度业绩报告发布后的沟通就是一个常项，这项内容也因此可以早早列入每年内部沟通的计划中。具体内容大都体现了当季业务表现，包括运营、财务和安全等，以及集团情况、本业务（全球/大区）情况，并加入各运营资产（含合资）和供应/价值链上的亮点。从负责上游业务的大区沟通开始，由于季度沟通在集团季报发布之后一两个星期进行，我还加入了投资者和媒体对壳牌当季业务表现的看法，引入外部视角。

准备这些内容要求对业务足够了解，提出内容建议，以便和 EVP 商定最后的议题内容，也包括与其他演讲者/分享者提前协商。每位领导的沟通风格不同，有的喜欢翔实的数据和事实，有的偏爱多图片、少文字。为了实现多角度、多互动，从亚太区上游业务到全球一体化天然气业务，我们还邀请"明星"（在业绩、安全等方面表现较好）业务负责人到大区或全球的季度沟通会上分享经验。这一环节需要更多的准备，通常会给他们提要求，和他们一起做准备。最重要的环节是"预演"——确保他们在给定的时间内，一般是5~10分钟，讲好自己的故事。大多数情况下，充足的准备都能收到良好的效果，但也有例外。有一次我们邀请了一位公司一把手，同时也是当地的运营负责人，他有一个非常好的运营故事，也预演过，但不知何故他就其中一个点不停展开叙述，几次提示都无果，最后EVP不得不叫停。就这样，他的故事没讲完，还挤占了一部分问答时间。事后我们回放时分析，由于时差的缘故，直播时已是当地时间的晚上，办公室除了IT同事以外，没有其他人在场可以提示他。这给以后的计划安排提了个醒：任何沟通，无论准备多充足，都不为过。

那时没有Teams、Zoom等技术平台，主要依靠Skype以及视频连接主要市场，如文莱、中国、马来西亚；在天然气业务板块还多了澳大利亚、俄罗斯、卡塔尔、荷兰等。主场和各分会场的IT支持很重要。

在主管天然气业务全球沟通的时期，为了不更改拟定的季度大会，我们还尝试过把主场放在EVP正在访问的国家，让当地员工感受和EVP面对面沟通和成为主场的感觉。当然，这样的安排需要更详尽的计划、协调和安排。

对于一些重要的领导层会议或扩大会议，我们更是要有详细的沟通计划，通常涉及领导讲话、内网报道，重要内容要做成短视频，最近还得加上内部社交平台的内容发布，如 Yammer 和微信公众号等，这一方面是及时向员工传达相关内容，另一方面也能及时得到员工的反馈。同时，这样的会议，从内容准备到会上会下的沟通，需要多方（包括业务部门和职能部门的领导和同事）的配合，会议召开地的团队配合尤其重要。

信息技术肯定是给我们提供了更多的可能性。从纸媒时代，到电话会议时代、视频时代，再到纯线上时代，连接变得更加方便、实时、生动，但内容依然是重点。新冠肺炎疫情给我们提出了更多的挑战，过去同事们还可以聚集在同一个会议室，而如今完全是线上连接"千家万户"，因为大家都在家办公。就如何让在线会议更具互动性，我在亚太的大区会议上尝试线上分组讨论，给每个同事在小组内讨论发言的机会，再辅以问答 App 如 Mentimeter，综合效果不错。重要的是内容设计的相关性。比如，疫情期间有关关爱的话题各级会议都有所涉及，大多是通过 Mentimeter 问答"你感觉如何？"，时间久了负面情绪越积越多，大多数领导会说"我也感同身受"，我觉得有"沟通疲劳"之嫌。2020 年第二季度，经过亚太区的内部沟通小组讨论，决定不只问大家的感受，更应该调动大家的智慧，互相帮助，分组讨论的话题变为如"你如何应对压力和不确定性"，结果大家的智慧让所有人受益，会议给大家提供了更多的解决方案和进一步思考的内容。

2021 年 2 月 11 日，壳牌发布"共推进步"的升级战略。公司在发布的沟通计划中就把员工和投资者、媒体、气候变化关注者一并列为重要受众。2 月 16 日，公司举行了全线上的全球员工战略沟通会，把新战略的主要内容分板块做直播。受总部的邀请，我担任壳牌新一任能源愿景全球内部沟通主持人，从准备到直播，完全在家完成。那天，线上有 6 000 多名来自全球各地的同事参加愿景讨论，超过过去十年我主持过的所有愿景分享会的参加总人数。当天在不同的场次，数以万计的员工还参与了战略沟通会。技术使然！

沟通永远是双向的。在以前的面对面、电话、视频沟通时代，大家都是会后收到问卷，再给反馈。如今，Mentimeter 实现了实时提问、实时反馈的功能。技术的进步提供了更多可能性，但也有"此长彼消"的效应，Mentimeter 支持匿名提问、回答，同时也让举手发言成了难得的景象。

员工调查

说到员工反馈，大多数公司都有定期的员工调查，这是人力资源部主导的工作。壳牌每年一次的员工满意度调查涵盖方方面面，大概有 70 个问题，涉及 12 个大方面，从公司的领导，到业务或职能部门的领导，再到直线领导，从薪酬到个人发展，还涉及多元化 / 包容性等。结果出炉后，公司上下要花大量时间和精力沟通跟进，从集团，到各业务、职能部门，再到各个市场、各个自然团队，可谓年度大项目，所以员工满意度调查也是内部沟通的主要内容。

我看过一份关于员工沟通的评估问卷，只用八个问题就可以诊断员工沟通是否有效。这八个问题反映了两大维度：一是 WE Experience——"我们的经验"，反映了"我们的团队"这一概念，包括：对公司的理念和战略是否了解；在我们的团队里，大家是不是有共同的价值观；团队的同事是不是相互支持；对公司的未来是否很有信心。二是 ME Experience，也就是"我作为个人"的感受，包括：我清晰地知道我该做什么，我有机会发挥自己的优势，我做得好可以得到认可，我有不断挑战自己、实现成长的机会。在快速变化的时代，各级领导或许不用再等到进行年度员工调查就可以用这一简单的八大问题实时诊断员工的满意度。我并不建议企业都用这一简单的问卷，但这一问卷的确给了我启示：员工和雇主的关系，说到底是人的关系和感受，即我和团队/周围同事的关系（我们的维度），我个人的感受（我的维度）。在沟通员工调查的结果时，可以考虑更多地从"人"的角度出发，而不仅仅是分享调查数据：让大家有机会从不同的角度看调查结果——"我们和我"以及"我和我们"，这也是我在团队中主张的"我为人人，人人为我"。

小结

内部沟通是公关的职能之一。"员工开心，公司兴旺"是我套用"太太幸福，生活幸福"这一说法的一句总结，但的确有调查证实：开心的员工可以提高31%的生产率、37%的销售业绩，更有三倍的创意。

杰克·韦尔奇说，只需三项指标就可以了解公司的总体业绩如何：员工满意度、客户满意度和现金流。员工若不积极参与，不了解公司的愿景及如何达成，无论公司大小都不可能长盛不衰。佩奇公关原则的第6条"员工言行代表了公司的个性"也是同样的道理。

我从公关的角度分享了有关内部沟通的经历和变化。技术和资讯在过去20多年使我们的生活和工作发生了翻天覆地的变化，从内部沟通的角度讲，无论技术如何进步，也不管是什么样的议题，用什么样的手段或者渠道，重要的是通过沟通让员工能够从信仰、行为和情感的角度感知公司的全景、对个人的期待等。

新冠肺炎疫情带来的巨变和影响还有待定论，能够确定的是我们正处在一个打破旧规矩、建立新规矩的过程中。未来的工作无论是从人的角度还是从办公的角度，都不会回到前疫情时代，有很多关于未来工作的研究，其共同的指向是"极端灵活的安排"，员工不必每天去公司，智力劳动者也不必只受雇于一家公司。最近一项结合了疫情的有关内部沟通的调查报告提示：疫情给员工带来了巨大的变化，员工的期望值也发生了变化；员工更相信人而不是公司；外部沟通和内部沟通的界限正变得模糊；人们记不住事实或数字，但能记住故事。

那么，这些变化，包括工作灵活性、员工期望，对于公司、管理层和我们所说的员工沟通意味着什么？ 在极度灵活的工作安排下，何为团队？何为归属感？何为价值认同？未来已在路上，这些问题的答案也会出现，一切正在被重新定义。公关人应该特别关注这些话题，探索有关未来工作以及它给内部沟通所带来的挑战和机会。

第十二章
十年磨一剑

赛事公关来到亚洲

这里的赛事公关是指"壳牌汽车环保马拉松",先说说"壳牌汽车环保马拉松"的历史。早在1939年,一群在美国伊利诺伊州伍德河畔壳牌研究室工作的科学家开了个善意的玩笑,看谁用一加仑燃油行驶的距离最远。这个打赌成就了后来的"壳牌汽车环保马拉松"比赛——旨在鼓励大学生创新,创造出最具燃油经济性的汽车,比赛的成绩是看谁的车能以最少的燃油行驶最远的里程。这也是壳牌全球STEM教育的旗舰项目,体现了壳牌的品牌初心和目的,即和不同的利益相关方为人类的进步提供能源解决方案。"壳牌汽车环保马拉松"通过学生们的创新和创造,让年轻人参与到解决能源挑战的方阵中。迄今,已有来自美洲、欧洲和亚洲60多个国家,共计100多所大学的10多万名学生参与这一赛事,共建低碳交通未来。

1985年第一届"壳牌汽车环保马拉松"在法国正式启动,有

25 辆车参赛。之后在 1990 年，一支来自法国的车队打破了比赛纪录，他们设计的以汽油为燃料的原型车取得了利用相当于 1 升油跑 931 千米的成绩。2007 年这一比赛开始在美洲举办，2010 年这项赛事来到了亚洲。

在考察亚洲赛区的比赛地点时，全球组织者曾在 2008 年左右到中国考察，我的团队陪他们考察了北京、上海和珠海的赛车场和赛道，遗憾的是这些专业赛车场和赛道不适合"壳牌汽车环保马拉松"的赛车：一是学生们的参赛车底盘很低；二是专业赛道的弯道太陡。"壳牌汽车环保马拉松"的参赛车分为城市概念车和原型车两类。城市概念车类似于商业化的小型轿车，原型车则类似于子弹头型赛车。这两类车造型各异，但底盘都很低。

2010 年 7 月，"壳牌汽车环保马拉松"亚洲赛在马来西亚雪邦赛车场首次举办。我们从中国带了两个团队去参加第一届亚洲赛和 2011 年的第二届比赛。最早参赛的中国大学有上海的同济大学、北京的清华大学和北京理工大学。中国参赛队伍虽然少，但是成绩不错。尤其是国内有名的同济大学汽车学院一直是"壳牌汽车环保马拉松"的铁杆参与者，他们甚至在赛事来到亚洲之前去欧洲赛区观摩过。2012 年我开始负责亚太区的公共事务，"壳牌汽车环保马拉松"亚洲赛是我们团队的重要年度公益活动之一，参赛团队主要来自亚洲各国，也包括中东和北非国家，每年都有 100 多支学生团队参赛。各市场的公关部负责和当地的参赛学生团队联络，帮助他们注册、通过层层预审及筛选、到达比赛现场以及获得现场支持。

当然，公关部的工作不只是组织活动，协助学生参与比赛，还要负责"壳牌汽车环保马拉松"的沟通和宣传。

赛道外的故事：激情与创新

　　于我而言，从2010年就和"壳牌汽车环保马拉松"结缘，每每参与其中都感觉很"燃"：一方面当然是因为这是一个非常特别的项目——鼓励大学生节能创新，每一场活动都是一场融合创新、激情和合作的盛宴。每次参加我都心潮澎湃，被大学生的创意激情和比赛精神深深感动。另一方面，也是因为"壳牌汽车环保马拉松"不仅仅是一场公益活动和比赛。下面我分享几个小故事。

　　2012年的"壳牌汽车环保马拉松"在马来西亚雪邦赛车场举办，有来自亚太区的近100支团队参加。比赛第三天接近尾声时，赛道外响起了雷鸣般的掌声，原来是巴基斯坦和印度的参赛学生团队一起合影留念。这两个国家由于历史原因彼此之间有点儿老死不相往来的感觉。因为"壳牌汽车环保马拉松"，两个国家的年轻人站到了一起。我个人认为，"壳牌汽车环保马拉松"的精神类似于奥运会，在这类地区性和全球性活动中，全球的年轻人因为同样的激情和爱好走到一起，他们可以摈弃各种不同和偏见，为同样的可持续未来一较高下，同时互相学习，为彼此的创新喝彩！

　　除了比赛要求以最少的燃油行驶最远的距离外，我们还设有赛道外奖项，如设计、沟通、安全和合作等方面的奖项。每个参赛团队都有自己的工作间，这小小的空间也是各团队展示自己的窗口，每个团体都会在工作间内挂国旗、校旗或队旗。我特别留意这些工作间的布置和管理，因为它体现了大学生团队除了技术创新以外的其他特质和精神面貌。每年日本的参赛团队都不多，就一两个，他们会把自己的工作间整理得井然有序，工具、文件甚至每个人的水瓶都摆放得有模有样，好像到了部队的感觉。我非常欣赏日本团队的自我管理，在这一方面无一团队能与其媲美。自我管理是个人成长很重要的一部分，即古人所说的"一室之不治，何以天下家国为？"

参赛团队之间是竞争对手，可是我们也见证了无数感人的合作故事。记得2019年在马来西亚，一辆巴基斯坦团队的车因没能通过安全和技术审查而无法继续参加比赛。这时，隔壁另一国家的团队问他们是否有备件。巴基斯坦团队不仅给这支团队提供了他们所需的备件，还干脆把车拆了，把零部件提供给现场所有有需要的团队。他们得到了当年赛道外奖项中的合作奖。他们的故事在雪邦赛车场传为佳话，回国后还上了巴基斯坦的报纸。

从职业的角度，再来介绍一下赛道外奖项的沟通奖。这几年这一奖项在亚太区几乎被印度和菲律宾团队包揽。2012年，我是沟通奖的评委之一，那时学生们讲述更多的是他们如何"招商引资"——拿到赞助或吸引媒体的关注，如何获得政府的支持。近几年，学生们在沟通方面做得愈加有声有色，大有宣传推广的感觉。除了宣讲与能源、节能和赛事相关的事情之外，他们还会涉及一些社会问题，比如帮助弱势群体，其中包括贫困学生、农村妇女等。最近这两年由于新冠肺炎疫情，2020年和2021年我们不能举办现场比赛，很多活动改在线上进行，比如线上设计课程。在线下，很多团队帮助同学或弱势群体，利用自己的设计能力制作防护面具或开展更广义的环保活动，如有亚太区的学生团队推广使用环保袋和

第十二章 十年磨一剑

植树等，这是疫情发生后的新趋势。作为"壳牌汽车环保马拉松"十多年的参与者和组织者，我认为参赛团队日益成熟，他们不仅是在参加团队比赛，更是志同道合的同学一起想成就有意义的事情。这一点我虽然没有求证，但从这两年赛道外奖项的提交中的确能强烈地感觉到。

2021年"壳牌汽车环保马拉松"比赛赛道外奖项之沟通奖的颁奖视频

在沟通方面，很多团队有清晰的沟通战略，利用多种渠道宣讲与能源和环境相关的话题，尤其是长于使用社交媒体。作为2021年的评委，获奖团队的沟通和社会活动让我感觉他们类似一个专业沟通小组，甚至觉得如果他们不去做赛车设计，完全可以选择负责专业沟通。"壳牌汽车环保马拉松"经过十多年的发展，学生们在赛道外的沟通越来越成熟，的的确确与时俱进，真可谓"长江后浪推前浪"，后生可畏！

从中国参赛团队来看，团队的技术和设计都很出色，每次都能在亚洲区比赛中获奖。但在赛道外奖项的沟通奖方面表现欠佳，有可能是受到语言限制，文案和活动策划都有待提高。我特别希望中国的大学生能够培养更强的沟通能力和社会活动能力，增强竞争的软实力。

当然，亚太区在赛道上的成绩也是骄人的。印度尼西亚团队曾战胜美洲冠军和欧洲冠军夺得全球第一，还被邀请去意大利参观法拉利车厂（法拉利是顶级跑车制造商，也是壳牌燃油和润滑油的合作伙伴）。越南团队几经沙场，终于有一支团队于 2019 年代表亚太区到伦敦参加全球总决赛。在赛道上，巾帼不让须眉，文莱、印度和阿联酋都有过全女子团队，她们的飒爽英姿令人印象深刻！

赛道外的故事：项目长青的秘密

学生们的创新和创造也得到各国政府的支持和重视。2013 年，巴基斯坦团队和越南团队在出发去参加亚太区"壳牌汽车环保马拉松"比赛之前，都受到国家级官员的接见，作为"远征"之前的鼓励和送别。当地公关团队也不失时机地利用这些机会提高了壳牌和"壳牌汽车环保马拉松"的知名度。

印度尼西亚获得全球第一的参赛团队还得到了总统的接见，并且总统接见和当时壳牌 CEO 的到访安排在了同一时间。获奖团队在伦敦获得冠军时是壳牌 CEO 为他们颁的奖。当壳牌 CEO 访问印度尼西亚时，获奖团队又和国家总统与壳牌 CEO 同框，这成了印度尼西亚当时的头条新闻。

这些与高层的互动之所以能够促成，最重要的原因是学生们参与的"壳牌汽车环保马拉松"项目所倡导的创新和创造也是各国政府所鼓励的方向。如今，面对气候变化的挑战，低碳和碳中和成为多数国家的战略重点，而"壳牌汽车环保马拉松"项目也符合低碳的理念。

"壳牌汽车环保马拉松"项目能够长青的秘密是它符合"以天下为己任"的社会期望，而不是时髦的短时秀。

2017 年，我们在印度班加罗尔的技术中心落成，各利益相关方前来参加典礼,包括印度能源部长、其他联邦和地方政府官员。典礼当天,我们在技术中心展示了壳牌的技术成果。当时,参展的还有当年参加"壳牌汽车环保马拉松"的一支全女子团队。她们的亮相吸引了众多人驻足。这并非营销手段。首先,主题契合。技术中心的落成当然是以科技为主题,"壳牌环保汽车马拉松"是 STEM 教育的旗舰项目,也是以科技为主题;技术中心的落成也意味着我们需要在印度招揽更多的技术人才,"壳牌环保汽车马拉松"的参与者都是大学生,他们是未来人才。其次,清一色的女子团队也诠释了"壳牌汽车环保马拉松"项目的另一个社会意义,即鼓励更多的女孩学习科技,投身创新。其实,很多团队都有女孩参与,她们往往担任重要的赛手角色,因为体重轻的赛手可以减少能源消耗,当然,她们首先必须是优秀的赛手。

有关赛事和赛道的故事

2013 年"壳牌汽车环保马拉松"亚洲赛在筹办过程中遇到了不可抗力,那本该是在马来西亚的最后一届。在临近活动的四五月份,新加坡和马来西亚遭遇了印度尼西亚烧芭引起的严重空气污染,PM2.5 的浓度大大超标。记得当时新加坡的空气净化器都脱销了,马来西亚的中小学也停课了。安全和健康是活动组织的重要考量因素,为此,虽然"箭已在弦上",我们也不得不取消 2013 年度的赛事。但这并非按下"停止"键那么简单,背后有一系列工作要做。我们需要和参赛学生团队沟通解释,不是所有的团队都能理解这一决定,因为临近赛事,好多运营项目已经启动,比如参赛车辆的运输安排、赛场的预定等；还要与整个赛事合作伙伴沟通。做出取消的决定也涉及无数内部沟通，包括与总部以及各业务部门的沟通。好在面对安全和健康的潜在风险，壳牌把安全放在第一的理念不是一句空话。这是组织"壳牌环保汽车马拉松"比赛以来的一次应急管理。这么多年、这么多场比赛，面临的各种风险并不少，但我们有具体和详尽的活动风险管控预案，最终大都能化险为夷。

之后，"壳牌汽车环保马拉松"亚洲赛转到菲律宾举办三年。菲律宾赛事和马来西亚赛事的不同之处是，我们把这个比赛从专门的赛道搬到了城市的道路上。菲律宾中央政府和马尼拉市政府非常给力，把马尼拉港的一个区域圈出来作为赛场，学生们可是在真正的道路上赛车。人们可以想象办成这一活动所需要的后勤工作和组织的复杂程度，对于主办国以及全球和地区团队的付出，不是一句"辛苦，谢谢"就可以涵盖的。

2019年，在印度举办的"壳牌汽车环保马拉松"创造了另一个纪录。我们在位于班加罗尔的壳牌研发中心建了一条专用赛道。这次比赛成为"壳牌汽车环保马拉松"历史上第一个在自家场地上的赛事。

"壳"动未来

2017年，以"壳牌汽车环保马拉松"为核心，我们启动了"壳"动未来的全球品牌嘉年华，让"壳牌汽车环保马拉松"上了一个新台阶。赛事加入了新的元素，对公众开放，互动展览，让观众可以从中体验环保节能的各类趣味活动,并为小朋友设计盐水赛车,方便他们体验新能源等。除此之外,当然还有严肃话题:设置了主题论坛、业务展区,同时还加入了壳牌社会投资项目如壳牌支持的初创企业的展示。与以往不同的还包括增加了媒体宣传,尤其是加强了社交媒体的推广。2017年,亚洲"壳"动未来在新加坡樟宜展览中心首秀,当年取得了众多全球最佳的表现,体现在参与人数、媒体的曝光和在社交媒体上的表现等方面。

2018年,"壳牌汽车环保马拉松"在印度钦奈为印度19支团队举办了专场,这是第一次在亚洲为一个国家的团队举办专场。这一年秋天,"壳"动未来嘉年华在中国西安举办,活动亮点是高层论坛、互动展和社交媒体以及网红元素引入。虽然"壳牌汽车环保马拉松"不是最先在中国举办,但在中国有诸多第一次,比如:第一次和当地政府合办;"壳"动未来的第一次网上直播,吸引了近50万名观众,成为2018年亚洲三场活动的最大亮点。我也是第一次和年轻网红搭档,为"壳"动未来站台,还得了"网红阿姨"的昵称。

2019年,"壳牌汽车环保马拉松"迎来了在亚洲的第一个十周年纪念,我们重返马来西亚雪邦赛车场。十周年纪念是特别有意义的一件事,我们

2018年在西安"壳"动未来活动上我和年轻网红搭档介绍"壳牌汽车环保马拉松"

以亚太区独有的"我能"劲头来纪念和庆祝第一个十年。同年10月，22支中国大学生团队齐聚北京金港赛车场。第一次落地中国的"壳牌汽车环保马拉松"精彩纷呈，线上线下联动，网红和动漫故事更是吸睛无数，社交媒体上的表现再创新高，达到3亿流量。

也是在2019年，"壳牌汽车环保马拉松"在印度也上了一个高度，也就是前面提到的第一次在壳牌自家场地上举办比赛。在"壳牌汽车环保马拉松"落地亚洲的第一个十年，我们创造了一年内在一个大区做三场赛事的壳牌纪录，而且每一场都精彩不断。真有十年磨一剑的感觉——从"壳牌汽车环保马拉松"到"壳"动未来嘉年华，从一场到三场，从线下到线上线下联动，从节能创新到共推进步，演绎和实践了壳牌的品牌价值。

2020年恰好为"壳牌汽车环保马拉松"成立35周年，但由于疫情，不能举办任何赛道活动，全球部分活动移至线上，而中国则是唯一一个可以完全将"壳牌汽车环保马拉松"搬至线上的国家，再次拔得头彩。2020年中国站赛事为学生团队搭建了全新的数字化平台，前期的线上技术指导课由国内和国际汽车领域的相关专家答疑解惑；在准备过程中，48支参赛团队利用搭建起的学习交流平台，通过线上"云造车"将创新想法付诸实践；参加决赛的8支团队在虚拟赛场在线答辩，他们的创新能力以及演讲才华在线上平台得以全面展示。线上决赛融入了多种科技元素，比如裸眼AR原型车真实还原2019年冠军车的风采；首次利用AI，携手AI"小冰"为观众打造身临其境的观赛体验。在新冠肺炎疫情的挑战下，2020年中国以数字化平台和各种创新形式，实现了纯线上的"壳牌汽车环保马拉松",是"壳牌汽车环保马拉松"35周年纪念活动的最大亮点,是对创新的最佳诠释。

员工的参与

"壳牌汽车环保马拉松"和"壳"动未来都有广泛的员工参与,员工可以以志愿者的身份参与,志愿者在活动期间参与到各个环节,特别是协助学生车队。在亚洲,每次活动平均有来自20多个国家的约100支学生车队,有些学生是第一次参加甚至是第一次出国。志愿者可以做学生车队的翻译,帮助学生车队解决赛场内外的问题。从组织者的角度来看,我们鼓励公司各级领导支持员工做志愿者,报销他们的差旅费并给予时间上的便利。在历届"壳牌汽车环保马拉松"亚洲赛现场,我都碰到过员工自己掏腰包做志愿者的情形。

在"壳牌汽车环保马拉松"组委会和"壳"动未来组委会中,除了亚洲项目经理一人是全职,其他人都是兼职,这也是员工的自我发展机会。公关部的同事可以参与日常工作范围外的工作组,比如负责社会投资的员工组织赛道外奖项的评选,平时负责内部沟通的同事负责最后的颁奖典礼等。

"壳"动未来对公众开放时,我们也积极鼓励员工发动家人和朋友参与其中,真正给予员工做品牌大使的机会。

当然,参与过"壳牌汽车环保马拉松"的学生中有人最终加入了壳牌。在亚洲赛十周年纪念赛事重返马来西亚雪邦赛车场的2019年,我在赛车场上碰到一位马来西亚同事,她曾经是"壳牌汽车环保马拉松"的参赛者，毕业后加入壳牌，她是壳牌和"壳牌汽车环保马拉松"的"双料"大使。那年我还在赛车场上碰到一对年轻夫妇带着两个幼儿观看比赛，他们是第一届亚洲赛的参赛队员，当年的队友结为夫妻，现在则带孩子回来重温他们曾经征战的雪邦赛车场。

内外部认可

最近几年的"壳牌汽车环保马拉松"和"壳"动未来更是收获了公司内外多个大奖，在此不能一一列举：

（1）2017年亚洲"壳"动未来（新加坡）获知名亚太区媒体Marketing Magazine颁发的"体验营销卓越金牌"。

（2）2018年亚洲"壳"动未来（新加坡）获亚洲公共事务"金标奖"企业传播类金奖。

（3）2018年中国"壳"动未来获壳牌全球品牌沟通大奖。

（4）2020年中国"壳牌汽车环保马拉松"获电子化媒体大奖的两项银奖。

（5）2020年中国"壳牌汽车环保马拉松"获"亚洲－太平洋史蒂夫奖"之"创新利用社交媒体"银奖。

小结

从科学家的打赌到STEM教育旗舰项目，"壳牌环保汽车马拉松"走过了近40年的历程，近几年还成为"壳"动未来品牌推广的核心。大家可能会问:"壳牌环保汽车马拉松"到底是公益活动还是品牌推广活动?

从纯专业的角度回答这一问题,我的答案是:两者都是。

企业社会责任是企业自觉自愿承担社会责任的行为;在运营中,要清楚企业决策和企业行为为社会带来的影响,包括积极的和消极的影响,并主动创造更积极的影响。2015年CONE的一份调查表明,91%的国际消费者期待企业不只是营利,还应该更负责任地运营,包括对社会问题和环境问题负责。

在壳牌,我们称之为社会绩效,包括积极主动管理公司投资和运营可能给环境、社区和社会所带来的直接影响,包括正面的和负面的影响,要降低负面影响。另一个维度是社会投资,即为所在社区/社会做出有益的贡献,包括解决相关的挑战和问题。在集团层面,我们定义了社会投资的几大领域:能源获取、STEM教育、社区及企业发展、道路安全等。

"壳牌汽车环保马拉松"源自壳牌科学家的初心——以最少的燃油(能源)行驶最远的里程,之后发展成为STEM教育的全球旗舰项目,旨在鼓励大学生为更可持续的交通设计出节能和低碳的创新车。这一项目一做就是30多年,参与者遍布全球,是不折不扣的公益项目。

自2017年开始,"壳牌汽车环保马拉松"成为"壳"动未来品牌推广的核心,以此为平台,我们加大了和利益相关方的沟通以及品牌推广的力度。这一推广围绕壳牌的"共推进步"品牌定位,而"壳牌汽车环保马拉松"则是这一定位的最佳写照之一,二者相互辉映。

罗伯特·菲利普斯曾是爱德曼的高管，他的团队为壳牌提供服务。2016年他在《相信我，公关已死》（作者译，英文书名为 Trust me, PR is dead）一书中写道："壳牌汽车环保马拉松"是壳牌"保密工作做得最好"的项目。他指出壳牌有"天才般的工程技能"，但"没能把好主意变成好的沟通"。不知道他后来是否看到和参与了"壳"动未来的活动，如果有看到和参与，我想他可能会改变看法。

尽管我从某种程度上同意菲利普斯的观点，即我们可以在沟通中做得更好，但是从品牌和声誉管理的角度，我依然认可先做好再说好的优先顺序，而非先说后做，或者更糟糕——说得好而没做好。我们还是回到佩奇公关原则之一："以行动证明。大众对公司的看法，90%取决于公司做得怎样（行为），10%取决于公司说得如何。"

第十三章
会展和活动：品牌的舞台

在前疫情时代各种各样的展会对公关人员和营销人员来讲不计其数。疫情让我们熟悉的大型面对面展会和活动都暂停了，能在"线上""云上"举办的都改到"线上""云上"了。在后疫情时代，大型展会和活动还会回到从前吗？各种调查显示，未来虽然不可全知，但大部分营销人员认为线上线下混合是未来趋势，即使是线下活动，也会有线上元素。2020年底的一个调研显示，97%的B2B营销人员认为线下活动对实现业务目标至关重要。

无论未来如何，即使从怀旧的角度讲也有必要记录一下前疫情时代的一些展会经历和趣事，聊聊展会和活动对品牌和声誉管理的作用。

从展览到体验

20世纪90年代中期，我刚刚进入公关行业的时候，国内各种行业展会盛行。那时，在北京主要有展览馆、农展中心、国展、国贸等。在当时的大型展会上，各参展企业的展台布置以展板为主，配上简单灯光。在记忆中，参展商大都准备很多印刷精美的资料，比资料更吸引参观者的是装资料的袋子，还有印有企业标识的小纪念品，如圆珠笔、钥匙扣、产品模型等。除了参展的专业人士，在对公众开放的展会上，退休的大爷、大妈到展会上收集各种资料袋也是一道独特的风景。

现在人们可能很难想象那种情形。对于公司来讲，到处飘扬的带有公司标识的资料袋无疑就是移动的广告牌。记得在国贸举办的一次展会上，一位外国同事转了展厅一圈后很兴奋地说："我们印有红黄壳牌标识的白色资料袋'满场都是'！"以他在全球各地的参展经验，这一现象还是把他惊到了。那时，展会的另一个作用是和利益相关方沟通和建立联系，所以，在展台轮班的同事的一项重要任务是收集到访的同行或客户的名片。大型展会的开幕式都有相关政府或行业领导走场，这时候要看哪家公司的公关人员能力强或运气好，若领导走场的时候到自家展台前巡视一番，这自然能吸引媒体的关注。

后来随着信息技术的发展，展台的布置越来越炫，强调给参观者提供不一样的"经历和体验"。从平面展板到立体展示、互动触屏，再到 VR（虚拟现实）和 AR（增强现实）的应用，技术解决方案得以生动地演示。当然，展台的面积也越来越大，从过去的 60 平方米、90 平方米到最近的 200 多平方米。除了技术更炫更酷以外，展台还增加了会议和娱乐功能，设有咖啡、茶水、小食等，参观者有更强的参与感和体验感。

2013—2016 年，在负责全球一体化天然气业务的公共事务时，我和团队参与组织了公司天然气业务的系列世界级展会，如世界天然气大会、GASTECH、液化天然气大会（LNG Congress）等。这些是展示公司在天然气领域的技术和意见领袖地位的绝好时机，也是和主要合作伙伴、现有和潜在客户交流的机会。

当时正值壳牌在建设浮式液化天然气（Prelude FLNG）装置"序曲"，整个平台有五个足球场那么大，在韩国的三星重工船厂组建。为了让人们能够领略到这一世界奇迹，我们在展台中间设了一个电子模拟高尔夫球场，推杆之后，就会显示击球者的击打距离，并将这一距离和平台做比较，形象而生动地体现了平台的规模。

在新加坡国际能源周和"壳"动未来的品牌推广活动上，为了体现壳牌润滑油的特性，我们还使用了 AR 技术，让参观者坐在法拉利模型车中，戴上 AR 眼镜，体验一滴润滑油在引擎中的旅程。在"壳"动未来的活动中，更是引入了大量的能源体验元素，如让观众试骑的骑行发电自行车，通过模拟太阳能、风能让小朋友体验新能源；在"壳牌汽车环保马拉松"比赛中，大学生在赛道上比拼谁的车能用最少的燃油行驶最远的里程，同时在赛道之外，小朋友则可以参与动手组装盐水车，在桌上赛道一拼高下，体验盐水驱动车辆行驶的乐趣。

在短短的 20 年间，技术尤其是信息技术的发展和应用不仅让展览更加炫酷，还使参展企业能够以更生动、更互动的方式和目标受众沟通，全方位地讲好企业叙事和定位。因此，公关和营销专业人士在策展方面的技能也要与时俱进：在平面展板时代，重要的是文案撰写，大都能独自完成；后来有了视频，再后来有了触屏、VR 和 AR 等，文案要求不一样，而且还需要和多部门协作，包括外部供应商的参与和合作。

策展：特别的献礼和创意

下面再讲几个和展会相关的小故事。1997年中国第一次举办世界石油大会，正如其名，这是能源界的奥林匹克盛会。作为世界领先的能源公司，壳牌自然隆重出场。如前所述，那时展会多以平面展板展示各种有关公司的概况、相关技术和业绩等。世界石油大会第一次在中国举办对中国能源界有特别的意义。为此，我们做了一个特别安排，出版了《中国古代钻井、采气技术》这一画册。

我们了解到，世界上的第一口千米深井是1835年在中国四川自贡打出来的，是天然气和黑卤生产井。当时四川的盐业发达，天然气是采盐的伴生品。其实，在1041—1048年，中国的盐井钻井技术就出现了重大突破，当时的盐井可以说是现代油井和气井的雏形。

为准备这个第一次在中国举办的世界石油大会，我和香港的同事CMF在1996年底去四川自贡采访，并和自贡盐业历史博物馆洽谈合作。结果就是通过和自贡盐业历史博物馆合作，在世界石油大会召开之前出版了《中国古代钻井、采气技术》画册，以此向世界宣传中国古代在钻井技术方面的领先成就，以及对世界钻井和采气技术做出的贡献。可以想象，这一出版物成了世界石油大会上最受欢迎的资料，尤其是得到了我们的中国合作伙伴的称赞。

在中国第一次作为主办国的世界石油大会上，我们在展示壳牌的技术和优势的同时尽力宣传中国的相关灿烂历史,因为我们认为能以这样的方式宣传中国为世界能源技术做出的贡献是一件极有意义的事情,远不是简单的公关和营销,而是由衷地以同行的视角和独特的方式推广中国古代的领先技术。

第二个小故事有关润滑油和"壳牌环保汽车马拉松"。

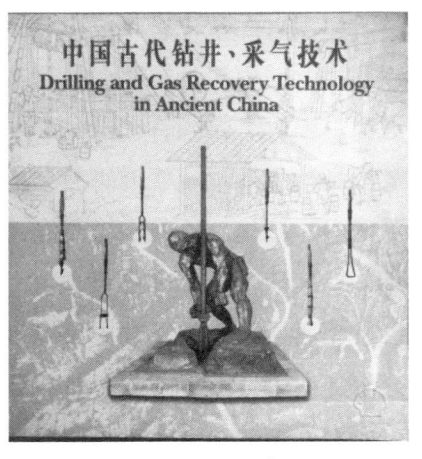

《中国古代钻井、采气技术》画册封面

2011年左右,壳牌润滑油去参加一个工业展,除了展板、润滑油桶和广告宣传资料外,还能带些什么? 我的团队建议市场部把参加"壳牌汽车环保马拉松"亚洲赛的中国大学生车队的赛车借过来,一是壳牌润滑油支持这一赛事,二是参赛的原型车造型很酷,在一堆润滑油桶中给人"异军突起"的感觉,可收到意想不到的效果。一方面,整体品牌的呈现体现了壳牌的环保理念;另一方面,这一做法也突破了人们对工业展会的刻板印象,挺有新意的。这个小故事体现了创新并不总是需要那么大的投入,高度的整合和合作能碰撞出绚丽的火花,还高效省钱,一举多得。公共事务团队有很多"资源"——我们和各业务部门合作,我们有社会投资项目,我们连接内外部利益相关方,有时只需把看似不相关的部门连接起来就有可能产生出其不意的结果,实现双赢或多赢。整合是关键。

再分享一个和展会相关的小插曲。2009年,中国举办国际石油技术大会(IPTC),这是一个行业的技术盛会。在这次大会上,集团的项目和技术板块唱主角，相关团队负责内容、设计和预算等，其中中国团队负责配合落地执行。我们有个很大的展台。同事把跟展览公司的合同给了我一份，我在看展览公司的进口项目清单时发现电视机、咖啡桌、造型椅的报价相当高，就向展览公司提出了疑问。原来合同是和展览公司的香港办事处签的，对方为了省事就都从香港买电视机、桌椅等。我以为这不合理，这些东西在北京很容易买到，不仅质量有保障还便宜。他们接受了这一质疑，结果是既节省了预算，效果也不错，还避免了清关可能带来的麻烦。这件小事再次印证了公关人既要上得厅堂，也要下得厨房：要能够在大计划、战略和布局上展示自己的专业和技能，同时要在操作和运营层面不输细节。

品牌自己的展会

除了外部展会，公司品牌还有自己的展会，以推出新产品、新服务和新理念，有些成功的品牌展会还成为业界翘首以盼的盛事。一年一度的苹果公司全球开发者大会（WWDC）就是一个很好的例子。1987年开始的WWDC是苹果公司的年度大秀——推出新产品和软件。为期一周的大会全由苹果公司的员工作为主讲人——从CEO到工程师。会议大部分日程的活动都有录像和直播，与会者可以随时回放；与会者还可以和苹果公司的工程师就感兴趣的话题进行一对一的交流。大会吸引了世界各地的技术大咖、软件开发者、媒体和消费者等。近年来，苹果公司还放低了参会者的年龄要求，13岁以上的科技爱好者都可以参会，同时也安排其他技术大咖上台演讲。据说，2007年的大会，每张入场券标价1 500多美元，5 000张入场券在2分钟内一抢而光。之后，苹果公司开始在网上抽签售卖入场券。如今，WWDC的举办地硅谷圣何塞市每年在WWDC举办期间还设有一系列活动，让WWDC参会者可以充分利用他们在硅谷的时间。WWDC自然是品牌自己的展会，而且是非常成功的展会，无疑是苹果公司的"意见领袖"旗舰项目，但它已经不只是苹果公司自家的大会，在某种程度上可以说是信息科技界的奥运会了。

"壳牌汽车环保马拉松"和"壳"动未来是壳牌自己的品牌活动，其中也有展会的元素。历届"壳牌汽车环保马拉松"比赛都有大中型论坛，围绕可持续发展的主题展开讨论，同时还设有展区；既有壳牌的各项业务展示，也有有关能源的互动区。"壳"动未来以"壳牌汽车环保马拉松"为核心，强化了主题论坛、能源互动和业务展区，同时还邀请相关合作伙伴一起参加论坛和展览。作为品牌推广，"壳"动未来还加大了媒体宣传力度，尤其是社交媒体宣传力度。一般为期三天的"壳"动未来是壳牌的品牌嘉年华。

小结

会展作为一种经济活动，起源于19世纪中期。1851年在伦敦召开的万国工业博览会是历史上首个全球性会展盛事，向全世界展示了各国经济、科技、文化、交通运输等领域的进步成果，同时作为交流平台，极大地促进了贸易发展。随后，会展经济概念不断丰富，形成了目前公认的MICE体系，即会议（meetings）、奖励旅游

（incentives）、大型企业会议（conventions）、展览（exhibitions）。新加坡就是会展经济方面的典范。

对于企业而言，会展是实现业务战略的重要手段之一。会展为企业提供了诸多的品牌触点，让利益相关方——客户（现有的和潜在的）、供应商、合作伙伴，当然还包括主办地的政府——更多地了解企业的产品、服务和理念；会展期间对企业相关内容（行业洞见、趋势以及自家产品和服务的独到之处）的分享和交流可以加深利益相关方对品牌的认知和好感；随着信息技术的发展和应用，品牌可以为利益相关方创造难以忘怀的体验，让客户和其他利益相关方成为"回头客"；对于品牌而言，会展也是教育平台，可以把最新的技术和洞见分享给利益相关方和目标受众。

在前文我分享了不同时期会展活动的片段和小故事，但这些"截图"式分享无法完全呈现参展企业的所有付出。

第一，早计划。大型会展大都是业内的品牌项目，可能是年会，也可能是隔年召开，或每隔其他一定时间年召开。早计划是参加此类会展的第一要义，因为参加会展是企业实现业务战略和品牌与声誉管理的一部分，需要投入大量的人力、物力和财力。作为国际品牌的企业，还涉及总部和主办地分部间的协调和配合。

前面提到的世界石油大会每四年召开一次，世界天然气大会每三年召开一次，GASTECH 每年召开，液化天然气大会每四年召开一次。GASTECH 在美国、新加坡和日本举办过，对壳牌而言，位于美国和新加坡的公司规模大，会展活动的落地可以借助当地的资源；相反，在日本的公司雇员少，需要总部和大区的更多支持。

第二，保持叙事、定位和信息的一致。每届会展的主题都不一样，同时还要结合公司的战略和品牌定位，为会展准备相应的叙事，保持叙事、定位与信息的一致。沟通交流和展示计划是两大内容，涵盖主旨演讲、分论坛发言、展台信息等，要统筹考虑。而且，品牌还要争取成为会展赞助商的机会，因此要和主办方沟通，确保品牌作为赞助商的呈现和总体叙事、定位等相互辉映，并利用好主办方的传播渠道。

第三，创意。前面分享的故事显示了不同时代会展的进步，20多年来，我们已经从使用平面展板到使用各种信息化和数字化技术来呈现更炫酷的内容，技术进步为内容展示提供了无限可能和机会。品牌必须与时俱进，利用好这些技术，为利益相关方提供难忘的"体验"，要让他们和品牌充分接触和互动。

第四，用好社交媒体，让会展的内容和信息传播得更远，实现更好的传播效果。多年前，会展期间我们会发新闻稿、进行专访、拍照片和视频，然后放到网上；现在可以同步直播，请网红或业界大咖参与互动，而员工也可以成为品牌大使，帮助传播会展的信息和内容。

当然，对会展的投入要有产出，衡量会展的有效性可以从多个角度考虑，硬性指标有新客户的获取、销售量（针对以产品为主的会展），还有一些其他方面可以衡量，如会展的参观人数、目标受众的反馈、媒体曝光度等。营销专家有很多衡量营销会展的指标，其中一套是三 R 维度，颇有意思：一是投资回报（return on investment，ROI），比如销售目标的达成、锁定的客户等；二是目标回报（return on objective，ROO），包括公司或产品品牌知名度的提高，如媒体曝光率提高等；三是关系回报（return on relationship，ROR），包括客户满意度、潜在客户的发展等。

  我举的会展例子有不少是行业内的全球性旗舰级会展——规模大，定期举办，业内的大企业、大品牌基本都会参加。此外，还有众多的地区性或国家层面的会展。企业公关部、营销部经常能收到这方面的邀请，业务部门也不例外，有些组织者会直接找到业务负责人。大部分企业对是否参加一个会展或活动都有一套流程，所确定参加的会展或活动也是年度计划的一部分。当然，不排除例外，计划也要有灵活性。全球一体化天然气业务刚成立时，正是天然气行业发展的高峰期，各种会展、活动邀请接连不断，毫不夸张地说，是来自全球各个角落。除了自己"有杆秤"做出是否参加的决定外，公关部还开发了一份会展活动（包括演讲邀请）自我评判问卷，提供给业务部门的同事使用。这份评判问卷包括几个维度：是否符合或支持业务战略？具体是哪个方面？会展的受众是否是我们需要的？会展的地点是否是我们的战略市场或目标市场？会展的品牌或口碑如何（凡是首次举办的都要谨慎）？会展主办方的背景（会务公司、媒体、政府或其他）如何？最后，如果参加，是否有预算？需要什么样的支持？这一问卷式指南可以比较理性地帮助业务部门同事和相关管理层做出合理的决策——既符合业务战略，又考虑到其他相关因素，包括所需的支持。也就是说，一旦决定参与旗舰级会展以外的活动，所有内部相关部门都要有所准备。

  自新冠肺炎疫情暴发以来，2020—2022年的大多数会展都取消了或改为线上举办或线上线下混合举办。基于对400多家会展组织者的调查，会展/活动营销平台Bizzabo 2021年的调查报告显示：

（1）83%的主办方认为疫情期间的线上会展/活动吸引了更广泛的受众。

（2）超过半数（55%）的受访者说举办线上会展/活动的目的是维护客户关系、传播知识和洞见（教育）以及留住客户。

（3）80%的受访者认为线上会展/活动成功的主要衡量指标是参与者的互动和满意度。

（4）即使后疫情时代到来，90%的主办方也愿意继续投资线上活动；同时，几乎所有（96%）的市场营销活动主办方都认为线上活动无法取代面对面的线下活动；97%的人认为未来有更多的线上线下混合活动。

看来，我们都得为后疫情时代的混合会展/活动做好准备，包括计划、预算、了解相关技术和应用、调整衡量指标等。

第五篇

打造最佳公关团队：
领导和领导力

第十四章
找对人

> 疾行，独行；远行，众行。
>
> —— 非洲谚语

关于领导和领导力，有太多的理论和著述，是一个仁者见仁、智者见智的长青话题。我在这20多年的职业生涯中有机会在不同的领导岗位上任职，学习和积累了一些实践经验和教训，也陆陆续续记录了点滴感悟，在这一章从不同角度做个分享。

刚加入壳牌时，我组成了"一个人的乐队"，第二年就有了一个小小的三人团队。之后，团队渐渐壮大，2000年在去伦敦之前，我曾领导两个部门的七八个人，分布于北京、上海和广州。从总部回到中国不久的2006年，我开始管理壳牌大中华区的公共事务部。我之前的一位英国老板曾对我说，像我这样在加入公司10年左右就管理大中华区的一个部门，其实是"跳级"了，按公司原来的人才梯队和接班计划，至少提前了8~10年。我的前任老板们都是西方人，按惯例排在西方人之后的可能是除了中国之外的亚太区公司人选，然后可能是港台公司人选，最后才提拔培养起来的北京公司人选。而我就直接跳过了两个梯队，从西方人手里直接接过棒。

当然这不一定能说明我有多厉害，我觉得更是时势造英雄。改革开放让中国崛起，使中国成了全球公司虎视眈眈的热门市场，各大国际公司都需要当地人才。壳牌（中国）的最高领导也经历了从西方人到海外华人的转变。2006年，马来西亚华人林浩光先生出任大中华区主席，他大力推动人才本土化，我也是最早的一批本土接棒人。

被委以重任的时候，我就告诉自己只能做好。恰逢壳牌在中国业务的大发展时期，大家为了壮大公司的业务、提高壳牌的品牌知名度，不遗余力，勇往直前。团队的同事们也很给力，从支持业务到品牌推广再到社会投资，各方面都很出彩。我的作用就是以身作则，与他们并肩作战。除了在年度计划预算和与总部及中国管理层的沟通上我领衔主演外，其他方面都放手给团队做，有问题或缺人手了，我们就一起解决。我办公室有块白板，那时常常和团队一起进行头脑风暴，好多解决方案就是这样产生的。

2012年我担任亚太区公共事务董事一职，成为集团中第一位担任这一职位的亚洲女性，管理13个市场的公共事务。在之后的近十年中，我经历了管理壳牌亚太区公共事务和亚太油气勘探开发（上游）业务公共事务，亚太区公共事务和全球一体化天然气业务公共事务，到只负责全球一体化天然气业务公共事务，到最后又负责亚太区公共事务的几次大的变化。尽管组织架构不断变化，我所领导的大区公关团队和全球业务公关团队都表现上佳，各项业绩名列前茅。在这期间，我在亚太区的每个市场，包括收购BG时的全球整合、招聘公关团队领导、管理亚太区公关团队，虽然有挑战和苦恼，但更多的是耕耘后的收获。感悟最深的是：以人为本，团队至上。在本章，我将围绕招聘、能力和人才培养、团队建设、变革管理以及多元化等几个方面，分享一些有关领导和领导力的故事和心得。

领导力——PHD

我很幸运在成长过程中遇到信任、培养和不断挑战我的领导和老板，我从他们身上学到了专业和领导力方面的双重技能。他们的职业和领导风范潜移默化地滋养了我。我自己成为领导后，希望能像他们那样，培养出更多的人才。林浩光先生曾说"领导栽培更多的领导"。

我把自己在不同岗位上做领导的感悟总结成了两大维度：PHD 和 ARC。

先说说 PHD。P 代表三个以字母 P 打头的英文单词，它们是 people、plan、performance，即人、计划和绩效。我曾经在领英上发文，解释 P 维度中的优先排序。

第一是人。人是重中之重，找对人，不遗余力地培养，建立信任，委以重任。

第二是计划。要有清晰明了的计划，重点明确，要有相应的资源保障，以及有质有量的人和预算。

第三是绩效。有效管理团队的绩效，让团队了解主要的绩效指标和良好的行为预期以及后果管理；不只是明确什么是好的绩效，还要知晓如何达成，包括行为准则，比如团队合作、以目标和结果为导向、遵守行为规范等。

第二个维度是 H，代表三个以字母 H 打头的英文单词，它们是 heart、head、hand，即心、脑和手。埃莉诺·罗斯福曾说过："处理自己的事，用脑；处理他人的事，用心"。在领导团队方面，我觉得心、脑和手都有用。

第一是心。领导需要有同理心、包容心和"狠心"。同理心多有讲述，包容心和"狠心"相辅相成——允许员工犯错误，但原则性错误和重复性错误不加改进的话，须进行后果管理；"狠心"含有严加管教（tough love）和艰难抉择（tough decision）两个层面的含义。

第二是脑。具有专业素养，精通业务（但不代表什么都得知道！），更重要的是形成战略和大局观。

第三是手。必要的时候"援之以手"，撸起袖子和大家一起干。关于公关人的职业素养，我常引用的描述是"上得厅堂，下得厨房"。

第三个维度是 D，代表两个以字母 D 打头的英文单词，它们分别是 decision 和 development，即做决定和培养员工。

第一是做决定。领导的作用是做决定，尤其是在有困难或有两难问题时，团队希望得到指导，明确方向。虽然领导不是万能的，也不能回答所有问题，但团队期待领导的表态，哪怕只是说"我们暂时没有更好的方案，还得再议一议"。

第二是培养员工。把员工的发展当成头等大事，是 P 维度中人这一要素的重要部分和延伸，找对人、发展和培养人是领导的职责

197

所在。

作为领导,既要有高瞻远瞩的大局观,同时还要能够真正了解前线员工所面临的具体挑战,但这并不代表你得有所有问题的答案,更多的时候是:在挑战面前如何倾听;如何群策群力;如何去找资源共创解决方案;如何在有矛盾和冲突的时候协调解决、重排优先顺序,或是放弃不重要和不适宜的做法,这一点可能更难。

PHD是我作为领导的指南,我尽力践行,也从中收获了满满的成就感。非洲谚语"疾行,独行;远行,众行"和成语"众志成城"有异曲同工之妙,我在领导不同团队的过程中感受深刻。

找对人——ARC

在关于领导力的3P中第一个是people,即以人为中心或以人为本。它具体指什么?怎么体现和实践呢?

在26年多的公关生涯中,我有近24年的团队管理经验,而且团队规模越来越大。最重要和最具挑战性的,就是在合适的位置、合适的时间安排合适的人。这并非朗朗上口的说辞,实在是关系重大,是面临众多挑战的领导必做的功课,没有其他选项。从招人到人员入职,从团队建设到管理变化等,每个环节都有故事。

先说说我自己的一些团队经历。1995年我加入壳牌(中国)成为第一个公共事务专员,第二年我就开始有了一个小小的团队,在北京有一个助手,之后又在广州和上海各招了一个成员。到1997年北京又增加了一个成员,两年内,从一个人发展到拥有四五个人的小团队。从那时起，我就开始了管理团队的学习和经验积累。1999年我还管理润滑油业务部门的品牌沟通团队。之后，在管理壳牌大中华区公共事务的时候，团队有20多人。到管理壳牌亚太区公共事务时，就变成了管理15个市场、70多人的直线汇报团队，再加上其他相关支持部门，如媒体、创意品牌等，是一个100多人的大区团队。在管理全球一体化天然气业务的公共事务时，最高峰的时候是管理170多人的全球团队。

管理亚太区团队和全球团队时，招人是家常便饭。我在亚太区的所有市场包括澳大利亚、新西兰都招聘过不同的人才，大都是各个市场的公共事务一把手，即公共事务总经理的职位。同样的职位，招聘经历因市场不同而异。有一部分是从内部提拔上来的，这当中既有从公关部提拔上来的，也有从相关部门吸引过来的，比如说营销部门或者业务部门。对部门一把手的考量因素挺多的，相关的公关专业背景只是其中一个方面，其他因素包括：具有战略视野，了解所在市场的宏观政治经济状况、能源行业的机会和挑战，具备和外部利益相关方建立信任关系的能力；带团队的领导力则是另一个重要方面，还有就是跟公司管理层建立良好的工作关系，成为好业务伙伴的能力。

根据这些年招人和带团队的经验，我把"找对人"总结为ARC：吸引合适的人（attraction），留住人（retention），通过辅导培养人（coaching）。

对于吸引人，无论是内招还是外聘，最重要的是要有一个详尽而具体的职位描述。我们有全球的职位描述模板，但是每个市场不尽相同，有时则是大相径庭，比如业务链的长短不一、市场的成熟度千差万别。因此，模板只是开端，职位描述要根据具体市场具体化。举个简单的例子，亚洲的每个市场都有当地语言，虽然我们的内部沟通用语是英语，但外部沟通大多采用当地语言，如越南语、马来语、日语、韩语、乌尔都语、汉语等。当年在新西兰开展天然气勘探业务时，懂毛利语和毛利文化是招聘时考虑的重要能力之一。能用当地语言流畅沟通，包括良好的读写能力，是公关人需要具备的重要专业能力之一。

另一个挑战是找到能在一个矩阵式架构里游刃有余的专业人才，尤其是在外招人才时，这点非常重要，也最具挑战性。即使有在实行矩阵式管理的企业工作的经验，也未必能很快适应，尤其是富有经验的高层职位，入职后的调整和适应非常重要而又不易。在近十年来的招聘中，我有非常成功的例子，比如在新西兰、韩国的外招人才，她们不仅生存了下来，而且做得风生水起；也有不那么成功的例子，比如在泰国、印度尼西亚的招聘就经历了几次反复和起伏——一是因为这些市场相关人才的池子小，二是因为入职之后的诸多因素，有主观的，也有客观的。

对于不成功的例子，不仅仅是专业经验或领导力方面的问题，主要还是融入问题。这就关系到ARC后面的二个维度。R有"留住人才"或者让他能生存下来的意思；C也非常关键，就是辅导人才。R和C合起来在中文语境中有"扶上马，送一程"的意思。然后才是如何能风生水起，达到"师父领进门，修行在个人"的境界。

留住人，从人力资源的角度考虑，有很多手段和办法。从直线领导的角度，我的体会是无论是内招还是外聘，招到人之后重要的一个环节是入职培训。在我加入公司的20世纪90年代,招聘新员工很频繁,尤其是在中国这样的新兴市场,因此,人力资源部会定期做两三天的入职培训,详细讲解公司的各种规则、各种流程、各个部门的职能。在成熟市场不经常招人,这种大规模的宣讲就很少了。我从入职培训中受益匪浅,因此也特别注重"入职培训"的环节,我笃信"磨刀不误砍柴工"。基于自己的经验,我为各市场的公共事务入职新人,尤其是一把手,做了详细的入职上岗计划,包括:公司的业务、战略、文化和合规要求,公共事务部的全球架构、亚太区的设置和计划、职位要求的详细描述和预期。完成初步的培训之后,安排新人和当地市场的各业务和职能部门的领导一对一会面,让新人有机会详细了解所在市场的业务、面临的机会和挑战。对于重要市场的一把手,我还会在试用期满或6个月内安排他去总部和相关领导及同事会面,这对外招的新人尤其重要,能让他们尽快了解矩阵各条线上和节点上的重要内部利益相关方。

对我而言,每个项目或讨论都可能是辅导新人的机会。在新人入职的第一年,除了相关工作讨论外,我还会每两周进行一对一沟通,从而可以把握新人的入职情况,就碰到的问题进行分析,同时帮助新人计划更长远或重要的活动,或是双方就两难问题畅所欲言。用人不疑,疑人不用。经历了那么多轮面试,我选择充分信任新人。有个同事曾经这样说:"我百分之百信任我的下属,看他们选择如何做从而给他们加分或减分。"我和他的理念一样,开诚布公是我的原则,公开、透明和及时沟通不仅是建立信任的前提,也是处在瞬息万变的中心的公关人应秉持的原则。

对于同事的上佳表现,我会毫不吝惜地表扬,但有问题时也不会拐弯抹角。因为碰到问题若不及时沟通解决，不仅会影响绩效，也会影响信任度。问题越积越多，总会到爆发的时候。

这方面有成功，也有教训。刚开始，在泰国和印度尼西亚，从外面招到的人很难融入公司的文化。有的人专业能力很强，但是很难去拓展关系，尤其是内部关系，不能较快地建立起人脉和信任。壳牌曾经有个CAR人才评估体系，capacity代表思考力，achievement代表成就力，而relationship代表关系力，三者同样重要。R不仅包括建立关系的能力，也包括处理矛盾和不同意见的能力。有些能力难以遥控和难以仅通过辅导养成，所以"师父领进门，修行在个人"的个人修行很重要。成功的例子有在新西兰、巴基斯坦外招的人才，他们成长为担任区域和全球业务重要公关职位的人才，在CAR的表现上可圈可点。此外，判断是否成功还有成熟度方面的考虑，成功者需要不教条，有判断力，能够独当一面，能够很快地和利益相关方建立信任和良好的关系。

招聘——CAR

在招聘中，我们会使用CAR体系作为标尺去衡量候选人，通过一系列问题，尽可能让候选人提供有证据的答案，而不是流于表面的陈述。比如，举例说明你碰到的一个挑战：你和项目经理的意见不一，你如何处理？你都做了什么？结果如何？你从中学到了什么？通过这一场景（和领导意见不一致）下的一系列问题，我们作为面试人可以了解候选人如何处理矛盾，通过候选人的答案可以看出他是否敢于坚持自己的意见和看法，如何说服和影响他人，尤其是比自己职位高的同事,如何从成功或失败中吸取经验教训等。通过一系列不同场景的问题,可以比较全面地考察候选人的思考力、成就力和关系力。

没有完美的评估体系,有些方面得等到新人入职后才能在工作中加以印证,尤其是作为领导的行为。几年前,几经周折,我们在南亚某国招了一位有20多年经验的公共事务总经理,她在众多的候选人中进入短名单并最终加入了公司。刚开始的半年,大家对她的反映都还不错,尤其是大区和总部的同事。可是之后不久,在几个大项目的实施阶段,负面的反馈多了起来,尤其是不能完成先前已与总部和业务项目组达成共识的工作,她手下的员工则反映得不到及时的指导,她还随时发火,对员工不尊重等。在入职初期,她经历了同样详尽的入职培训、一对一辅导和直言不讳的反馈。由于她的行为已经影响了重要项目的实施,影响了员工的士气,在多次沟通后,在人力资源部的协助下,我决定启动"绩效改善计划",即对她提出规定期限内的具体绩效和行为改进要求。公司投入了很多资源,也包括人力和时间,从市场上招聘有经验的管理者,允许他们有适应期和犯错误,也提供改正机会。但很遗憾,这一次没能成功。我反思还有什么我们可以做得更好。我和相关同事做了复盘,最终我们没有找到作为雇主在招聘和入职过程中应该改进的具体方面:一位资历较深的公关同事提议,除了做相关雇主的背景调查,或许还可以进行行业口碑的核实。猎头公司在推荐人选时已经做了背景调查这方面的工作,即推荐符合要求的候选人,包括专业背景、领导力等。但我们的确没有具体要求过进行行业口碑的核实,也许以后要提出这方面的具体要求。

这也自然让我想起在招人过程中使用猎头的经历和感想。市场上的猎头良莠不齐。我的经验是，有些大的国际猎头在公共事务、政府关系这样的领域，在一些市场不如专门的猎头公司，虽然后者规模较小，但聚焦、精准，也比较划算，因此不能盲目使用大猎头，而要仔细了解它们对专业和职位的熟知度，以及对当地市场相关人才的了解和招聘经验。

公司收购 BG 之后，在澳大利亚为了能够找到合适的人，我从总部主管招聘工作的副总裁处拿到了特许权，可以使用澳大利亚市场上小众的专注于公共事务/对外事务/政府事务的猎头，因而顺利找到了合适的人选。发掘人才还有一个渠道是依赖已有的职业网络，包括个人的人脉，也包括同事、朋友的推荐。在中国招聘人才时，我就充分利用了已有的各种渠道和关系，最终在市场上找到了合适的人选。

招聘过程的另一个重要环节就是需要内部利益相关方的配合。公共事务的负责人和所在市场的领导团队尤其是一把手要密切合作，因此，从职位描述到最终的短名单和最后一轮面试，我都会让每个市场一把手介入其中。能否和他们达成默契关乎能否招到合适的人。即使有这样的步骤，也没有办法保证每次招聘都成功。有些因素在招聘之时不可控，如文化的融合度，所以我特别强调留人和培养人。招人，留人，用人，培养人，环环相扣。

管理亚太区的公共事务责任重大，合适的时间、合适的地点和合适的人是确保在每个市场取得成功的关键因素，因此，以人为本是重中之重。你即使有三头六臂，也不可能通过单打独斗在每个市场取得成功。招聘强有力的当地人才，给予充分的信任，毫无保留地分享，有的放矢地培养，每个环节都不可小视。

小结

在绩效管理中，有一个简单的评估工具，即"技能–愿望"矩阵。技能为核心，愿望则包含意愿、热情和自我驱动力。这一工具同时提供了如何管理不同象限员工的导向。对于高技能/高愿望的员工，要多委以重任；对于高技能/低愿望的员工，要多激励；对于低技能/高愿望的员工，要多引导；对于低技能/低愿望的员工，要给予明确指示。我个人认为，技能是容易教和学的，而愿望则不然，它犹如态度。"态度是件小事，但影响巨大。"丘吉尔如是说。曾经的美国橄榄球运动员、著名的自我提高推动者拉尔夫·马斯顿（Ralph Marston）也说过："优秀不是一种技巧，它是一种态度。"

著名投资人和企业家巴菲特在招人时看重三点——智力、创新力或能量满满和诚信。巴菲特特别看重诚信，他认为没有了诚信，仅有其他两个素质可能会毁了一个人才。能量满满和诚信在"技能–愿望"矩阵中，更应该是愿望的范畴——热情、自我驱动、价值观。

在招人的过程中，尤其是针对中高级职位时，我觉得更要注重对愿望的考察，这涉及招聘问题设计、背景调查，甚至是让猎头或通过职业关系网了解候选人的口碑。入职后，再依据"技能–愿望"矩阵相应地进行培养和管理。

多年前，我在一次外部研讨会上听到一位中国企业家讨论有关人才的问题，他这样描述对人才的看法：

（1）才：才能，有一定的知识、技能、技巧。

（2）材：可以塑造，勤勉，好学，上进，诚实，正直，与公司价值观吻合。

（3）财：才+材，最终成为可以创造价值的人才。

这样通俗而充满智慧地诠释人才，与巴菲特对人才的期望有异曲同工之妙。

第十五章
当好教练，终身学习

在带领团队时，我的原则之一是"以人为本"。这当中很重要的一个方面就是员工的能力培养和技能培训。从小，姥姥就告诉我"艺多不压身"，她虽然是个目不识丁的老太太，却无比坚韧和充满智慧。也就是说无论做什么事情，你一定要把"金刚钻"——核心技能学到家。

在学校学习的知识会过时，我们在工作中要与时俱进，不断学习和成长。有关技能的学习，大家可能都听说过"70∶20∶10"这样的技能学习搭配比例。创意领导力中心（Centre for Creative Leadership）的一项调查发现，70%的公司雇员在工作中学习，即边干边学，20%是在跟别人的互动中学习，10%是通过一些专业和专门的培训来学习。这一发现成为过去三四十年大企业员工技能培训的模式之一，即强调在工作中学习和成长。

我特别认同这一理念，个人的成长大都归功于实践中的学习和摸索。成为团队领导后，我注重打造高效团队，而员工的发展和成长是高效团队的重要组成部分，拥有强有力的团队可以事半功倍，可以互相挑战，可以有时间"充电"，可以更上一层楼。

夯实基本功

在带领亚太和全球一体化天然气业务公关团队的时候，我的很多时间都花在了团队的能力建设方面。那么在工作中有什么要学的？又怎样学呢？在壳牌从事公共事务管理20多年，我见证了多次专业技能的定义和升级，反映了外部对公关职业要求的变化和专业分工的愈加细化，比如近年来增加了社交媒体技能。但纵观20多年的实践，公关人的基本技能可以说是"万变不离其宗"，如协调利益相关方关系、议题管理、维护媒体关系、危机管理、内外沟通、品牌管理等。其他核心能力还涉及：成为好的业务伙伴、内容创作、创建和运维电子化媒体（网页、社交、数据）、非技术风险整合、项目和供应商管理、社会绩效管理。

在技能框架下，可以进行自评以及和直线老板的讨论评估，作为年度个人发展计划的一部分。如何把各种技能体现在工作中，进而转化为品牌和声誉管理的产出？ 根据实践和经验，我和团队开发了一套被称为"做好基础"的模板，让团队做好基础工作，比如公司简介、业务实时更新、常用媒体问答、主要议题分析、管理计划和问答等。我坚信只有基础扎实，才能锦上添花。

这一套实务操作对新入职的员工有参照意义，也是各团队把基础工作做到位的指导。撰写这一指南也是在工作岗位上培训员工的机会。我让两个比较有经验的中级团队干部牵头做，让他们提炼总结——学习是先把书读厚、再把书读薄的过程。之后广泛征询大家的意见，最后成稿。两年后，又让另外两个员工加以更新。这是

70%在工作中学习的一个例子。

在工作中找机会锻炼人的另一个做法就是拓展员工的工作边际，在其胜任本职工作的同时再加点儿料，或者让他兼做另一项工作。比如，有人休产假，可以把她的工作分成几份，这是锻炼其他组员的机会；有人离职，在空缺窗口可以培训能力较强的员工短期"兼职"。

在2014年，我们还设立了一个"能力建设"工作小组，让大区领导团队的两位成员领衔主演，组织每个月大区的"自我学习"活动。他们负责设定学习课题，组织内外资源，邀请主题演讲嘉宾。对于领衔主演者，就是要锻炼他们的计划、议题制定和组织能力，也要求他们对内外热点话题有一定的敏感度。领衔主演者正式开展工作之前，我会详细交代预期和目的，在卡壳儿或有问题时，他们可以随时找我商量，包括利用我的内外部关系邀请演讲嘉宾。其中，两人的搭配也是有讲究的，一般是较有经验的带初出茅庐的，相得益彰。几年下来，这一亚太区月度学习活动也"名声在外"，集团新推出的一些项目或流程的负责人有时会主动要求参加我们的活动，这样既可以帮助他们完成"下达"的任务，也可以利用已有的平台让员工及时学到新技能和满足专业要求。

每项工作都可以是培养人的机会

基于每个任务都是一个学习机会的理念，我把一些寻常的或程序性的任务变成有趣的培养人的机会。比如说，我们每个月提交全区的当月主要事件/亮点报告。我把这样的工作交给前线的同事做，给他们直接和我一起工作的机会，因为这个报告是以我的名义发出去的；同时给他们和每个市场的团队一起工作的机会。在这个过程中，我会详细描述报告的要点。开始几个月的报告，我会手把手地辅导他们如何撰写月报，如何编辑和使用"编辑的权力"，因为有时候他们不太敢或不太愿意删减各市场团队交上来的报告。这样的反馈可帮助他们提高写作能力，考虑受众、影响、目的和数据等多种因素。同时，这一看似简单的工作，也让他们有机会跟总部的同事、跟大区不同市场的同事一起工作，这也是培养他们项目管理、时间管理能力和领导力的机会。比如，遵守交付时间，运用编辑的权力时不留情面。学习是双向的。年轻同事的好主意让这一每月按惯例提交的报告变得更加有设计感，类似电子期刊。因为我们这个区涵盖的市场多、业务链长，我们的全球同人尤其是业务部门都觉得这一月度报告非常有用，可以帮助他们了解亚太区的全貌。慢慢地，报告的内容不仅包括我们上个月的亮点和重点，还包括下个月比较重要的事件，如业务的里程碑、高层的访问等。从我的角度来看，重要的是让这样寻常的常规月报编制工作变成一个发展和培养员工的机会。这也是在工作中学习的例子。

  我们还有一个流程，就是每个季度将每个市场的一些主要议题进行矩阵式汇集并上报总部。这是声誉风险管控的一个重要环节。如果只是按部就班地完成季报，那就是一个流程而已。同样，我觉得这也是一个培养人才的契机。所以我挑选了四五位年轻同事，让他们负责从各市场收集汇总信息并编制季报的工作，同时，他们还要总结亚太区各个市场是否存在一些共性的风险和问题，对这些风险和问题的管理和处理有什么可以互相借鉴或者学习的。不止于此，我还让工作组把这个总结呈现给不同职能部门的大区领导。风险通常会涉及不同领域，如安全、政府关系等。这样的汇报会让工作组的同事有机会直接跟大区各职能部门的副总裁或总经理讨论相关问题；而这样的讨论也让他们了解到站在领导的角度对问题有什么不同看法，或者还有什么角度没有考虑到。这样跨部门讨论后再做一次梳理，最后才提交。我们如此花时间横纵向梳理出来的议题矩阵的质量较高，这一做法被总部认为是最佳实践。同样，我想说的是，工作不只是一个产出过程，更是一个学习和培养人的机会。还是那个理念：任何一个任务或者挑战都是一个发展和培养人的机会。

领导全球职业能力建设项目

除了进行亚太区人才培养方面的尝试，2017年我还领导了一个全球职业能力建设项目，把公共事务部的全球能力框架和人才发展路径做了一个梳理。项目背景是，每年的全球员工调查显示壳牌在人才发展和培养方面有待提高。我被选为职业能力建设工作组的领导，带领来自全球各地和各部门的七八个人，包括全球人力资源部和培训部的各一位同事，看一看我们在公共事务职业能力（professional competencies）方面还有什么可以改进的地方。我们有11个核心能力框架，涉及各职能和专业团队，还有一些深度能力要求和流程，它们散落各处，仅网页就有几百处，还有各种过时的信息。我们首先做了基线调查和预期调查，包括访谈、在线调查、网页梳理，找出差距。经过几个月的梳理，最终我们提出了一个集成框架。集成不仅是把散落在各处的有关职业能力的信息合并升级，还包括嵌入能力要求实例、不同层级同事的个人发展案例，也包括新人入职时或工作变动时如何了解技能需求的专题。我们还把个人职业发展案例做成了视频，以更生动的方式呈现出来。同时集成还包括提炼人才发展原则，提出人才发展一站式解决方案。这样的一个项目需要大家在全职工作外"额外"奉献，大家挑灯夜战了近七八个月。之所以能做成，首先得益于工作组成员的多元化，有在壳牌工作近20年的同事，也有刚入职的大学毕业生，有各个专业背景的同事，大家集思广益、各司其职、精诚合作；领导层的重视和放权也很重要，我几乎每个月给全球领导团队汇报相关进展；充分发挥年轻人的聪明才智是另一个关键，我手下的毕业生DL直接参与了项目，他是IT和电子化方面的人才，同是又是公共事务的新人，有很多新视角、新想法。集成的构想成形后，他很快就把样本做了出来，这样给全球领导团队汇报时就很直观，也很容易得到应有的支持。

就能力建设而言，这是我们这个职能部门过去十多年来做过的大项目，幸运的是我能被委以重任，领导一个有才能、有经验、敢创新的小团队，通过边干边学，为集团公共事务部的能力建设添砖加瓦。

小插曲

1996—1997年，我是中国国际公共关系协会的理事。那时，公关作为一个职业刚刚兴起，还没有很好的职业描述。因此，当时中国国际公共关系协会的副会长、国际关系学院的GHM主持了有关公关职业标准的讨论。我是为数不多的外企公关从业者，参加了在上海的讨论。能在自己还是职业小白的时候就参与职业标准的讨论，也是早年学习和成长的难得机会。加上刚加入壳牌时我的老板对我的培训，我对能力培养格外重视，并在今后的领导岗位上"薪火相传"，把好的培训传统延续下去。

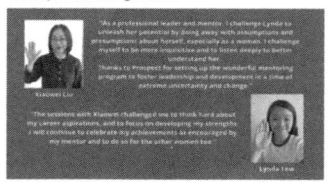

在疫情期间的2020年和2021年我还担任导师，辅导年轻一代公关人

人才培养：处处留心，处处皆可能

前面讲到了如何把握住每一个机会来培养员工。技能学习是人才培养的一部分，我所说的人才培养更广义，不仅仅是涉及核心技能是什么（what）的部分，还有如何做（how）的部分，包括团队合作、领导力等。在这里我分享一些如何在工作中寻求一切可能的机会，让员工和团队能够更快成长的实例。

在总部工作的经历开拓了我的视野，让我了解了国际背景下跨国运作的复杂性，以及平衡全球和当地、长期需要和短期需要的不易，受益匪浅。在壳牌（中国）任职的时候，我就派了一个同事到总部与媒体团队一起工作，他本来就负责中国的媒体关系，原来也是记者出身，三个多月的总部工作让他大开眼界，了解了媒体团队如何在公司实施全球战略中发挥作用，包括如何准备季报发布和股东大会、如何"构建整个故事"等。

我刚负责亚太区公共事务的时候，发现自己是为数不多的有过总部公共事务工作经验的亚洲人。个人的成长经历加上在壳牌（中国）的经验，我认为应该给亚太区同事创造一些发展机会，比如到总部短期工作，让大家有机会见识一下总部如何运作。

幸运的是，总部的同僚和老板都非常支持这一想法，有意识地寻找机会。比如说总部有人休产假了，一般欧洲产假比较长，就有产假补缺需求。在欧洲，这种短期补缺可以请合同工。我知道这样的机会后就会和相关领导商量，不如让亚太同事去，一举两得。还有就是有人离职产生短时空缺，或是短期项目需要人，这些都是从亚太区派人的好机会。当然，更不能放过长期工作的内招机会。

在负责亚太区公共事务期间，我先后派了五六位同事到总部工作，为期六个月到一年不等。这样短期外派的收获和去总部培训一周或开个会是完全不同的。这些机会开阔了同事们的视野，让他们在总部建立起了一些人脉，同时还调动了他们的积极性。

同样，我认为外派同事产生的短期空缺也是培养人的机会。短期空缺是"抻一抻"亚太团队的最佳机会，可以在区域内做一个拓展。新加坡的同事去总部的时候，我就把她有经验的手下提上来兼做部门的负责人，这种短期兼职让同事有机会体验做领导，虽然辛

第十五章　当好教练，终身学习

苦了一些，但锻炼了他们的能力和增加了他们的见识，团队整体有水涨船高的感觉。

除了到总部工作的机会，我也积极寻找到其他区域工作的机会。2013—2014年，中东大区的同僚SB需要找个人补一年的空缺，去阿曼。当时壳牌（文莱）的一把手正在大力推动培养文莱人才，阿曼和文莱有相近的宗教信仰，壳牌在两国又都采用合资企业的运营方式，这些有利的大背景很快就让我和SB达成了协议，派了文莱一位有经验的同事去阿曼工作一年。这位同事表现很棒，之后又被借调到科威特帮了几个月的忙。

亚太区的公共事务涉及十几个市场的公关团队，这也给我创造了在大区之内互帮互助的条件和"抻一抻"团队并培养人的机会。由于人员变动，壳牌（印度）的公共事务总经理一职曾经空缺三次。第一次正赶上我们有一两个项目遇到棘手的问题和挑战，我就让大区最有经验的菲律宾公共事务总经理BK和大区的媒体经理CL联手帮助我和印度团队度过了那一时期。BK和CL也很享受日常工作之外的额外经历，他俩的经验和能力得到印度市场负责人和业务领导的认可，为亚太公共事务部加分。之后CL还有两次临危受命，帮我一起克服印度"空缺期"难题，管理相应事务。还有一个例子是壳牌（印度尼西亚）公共事务总经理一度空缺，我让印度尼西亚团队最有经验的同事暂时做总经理。由于团队小，无法再"抻"了，于是就从文莱调了一位同事去印度尼西亚帮忙3个月。大区内的这种调配，既解了燃眉之急，更给了同事们不同市场的经验和见识。

2016年，总部给了我一个毕业生指标，这是亚太区第一次有招聘毕业生的机会。壳牌毕业生计划是人才培养和未来领导培养的一个重要措施。我在 2017 年招了毕业生计划下的员工 DL。为了培养 DL，我将他的工作分成了三大块：一是协助我管理大区的计划、预算和绩效评估；二是成为"壳"动未来项目的核心成员，协助项目总经理实现"壳"动未来项目的 KPI；三是作为机动成员随时补缺。这三项分配既满足了亚太区的业务发展需求，更是挑战和培养了新人。大区计划为他提供了培养全局观的机会；"壳"动未来除了项目管理，更涉及公共事务核心技能的方方面面，从品牌推广、意见领袖到社交媒体、项目整体协调等；而机动安排则给了他深入不同市场团队，作为其成员的机会。DL 也是不负重任，帮助新加坡成就了 IdeaRefinery（支持初创企业的社会投资项目）；为"壳"动未来项目在亚太的成功立下了汗马功劳；协助泰国内部沟通和"创想未来"（Imagine the Future，ITF）旗舰项目的实施。当然，他更是我管理大区计划和绩效的左膀右臂，他高超的电子信息技术能力更是有目共睹。这种有足够挑战空间的安排让 DL 在第 18 个月轮值到其他职位的时候依然选择留下来，并在三年的毕业生计划到期时很顺利地拿到了一个更高层级的工作职位。

除了让亚太区的人才走出去，我们还利用亚太区极具吸引力的特点，"引进"总部人才，帮助亚太区的业务发展。我们从伦敦的下游业务部门借调了一位同事去新西兰帮助当地团队开展几个项目，那是一个非常具有挑战性的时期，我们在做业务战略调整，急需了解总部程序的同事协助新西兰团队的工作。2014—2015 年，亚太区有多个业务发展项目需要支持，而我的团队都分散在各个市场，大区只有我一个"光杆司令"。我注意到了总部一位十分敬业和专业的荷兰同事HV，她当时负责全球创新推广工作，在开展中国市场项目和推进亚太区项目时，给我留下了深刻的印象。得知她想到总部以外的一线发展时，我这样说服老板：快速发展的亚太区需要HV这样能干的人才。HV的到来将及时帮助我们进入缅甸市场和助力我管理整个大区，因为当时我还兼任全球一体化天然气业务公共事务负责人。HV把总部经验带到亚洲，同时很快学习了相关的业务，最终我们将进入缅甸的工作开展得有声有色，后来她还随业务一起在缅甸派驻了两年。在这期间，为了增加她带领团队的经验和分摊我的工作量，我把泰国、印度尼西亚和越南团队划归她管理。在亚洲工作了几年，HV成为我们在总部的最佳大使。同样，亚太区产生的临时空缺，也可以为总部的同事提供机会。2019年，新加坡团队的一位同事因家庭原因停薪留职一年，我们急需熟悉公司运作的中级公关经理。我得知原来的一位荷兰同事MC正处于工作转换期，她有亚太区工作经验，谙熟内外沟通，但没有油品业务背景。这一短期空缺正好满足了她当时处于转换期和了解油品业务的需求，也可以解决我们的燃眉之急。我和总部相关领导积极沟通，达成了借调协议。新加坡市场公共事务部从未有过西方同事，MC一年的补缺也让新加坡团队有了多元的色彩和视角。

小结

通用电气史上任职最久的CEO杰克·韦尔奇说："成为领导之前，成功是关于发展你自己；当你成为领导时，成功是关于发展他人。"

在我的成长过程中，我有幸遇到给我各种机会和信任我的领导。他们的栽培和作为领导的言行、风范潜移默化地影响了我，让我在成为带领各种团队的领导之后注重员工的成长，努力打造高效的团队。回顾20多年带领和培养团队的经历，我有如下感受：

（1）员工的发展是第一要义，是打造高效团队的必要条件；当把人才发展放在第一位时，支持业务、管理声誉面临的挑战和资源需求，就可以从发展人才的角度去思考和解决。

（2）作为领导，处处留心，用好已有的资源，就处处可以找到发展员工的机会，有时需要不拘一格地考虑可能性，比如利用好各种"空缺期"，创造锻炼员工的机会。

（3）寻求发展机会需要集团领导和各部门同事的支持，和他们充分沟通，让他们了解意图很重要。当然，派出去的同事也得争气，交出满意的答卷，为后来者铺路，这也是团队精神的体现。

（4）员工发展的最好模式为70-20-10。

顺便梳理一下70-20-10模式。一家提供组织发展培训的机构70∶20∶10 Institute 提供了70-20-10模式下的一些思路：

（1）70%的工作相关经验：员工在工作中获取大部分的学习机会，可以通过不同的方式，例如特别项目，来解决工作中相关的问题。领导可以：

1）让员工参与新项目，拓宽他们的工作范围；

2）提高员工的决策权限；

3）让员工有机会管理他人和项目；

4）让员工参与更高层的战略会议；

5）在日常工作中辅导员工，做员工的教练。

（2）20%在互动中学习：在与他人的互动中学习，他人可以是同事、经理或更高层级的领导。

1）启动员工辅导项目；

2）让高层做员工的教练；

3）建立及时有效的反馈机制；

4）鼓励参与跨部门的项目。

（3）10%的正式培训：可以大胆尝试不同于传统的培训方式。

1）通过电视教学、网上分享或阅读内容；

2）分享业内大咖撰写的相关内容；

3）让员工参与外部培训，取得相关证书；

4）举办研讨会或分组讨论。

对照以上建议，我分享的实例在建议的思路下也不乏创新的做法，比如利用"空缺期"创造培养员工的机会。这样既能找到帮助业务发展急需的资源，同时也实践了发展人才的承诺。

我体会到，领导的重要职责是如何让工作中的问题和挑战都变成学习的机会，用心、用脑、用手且有创意地找到发展员工、培养人才的办法。

约翰·肯尼迪说过："领导力和学习相辅相成。"当好教练同样要学无止境、与时俱进。

第十六章
勇敢面对变化

"唯有变化才是不变的",变化是唯一的不变,变化无处不在。这两年著名的 VUCAH① 时代的提法变得更普遍了。除了这几个因素,还有不可预知性(unpredictability),比如我们在 2019 年底开始遭遇的新冠肺炎疫情,它给全世界按了"暂停"键。2020 年疫情最盛的时候,有人开玩笑说新冠肺炎疫情是一个历史性事件,世界将因此改变,人们再谈起疫情时,会用 BC 和 AC② 描述疫情前后。截至 2022 年 9 月,这一"暂停"已经持续了两年多,至今还看不到恢复到疫情前的时间表,可见其颠覆性影响。

除了上述不可控大趋势、大变化外,身在职场中的你我还经历了无数的公司变化,比如资产重组并购,几年一次的机构调整,大到涉及全公司架构,小到团队的微调,以及介于这两者之间的种种变化。《哈佛商业评论》上有篇文章将企业结构调整大致分为三类:一是改进型调整,旨在改进或优化已有的流程、战略或运营;二是

---

① VUCAH 指 volatility(易变性)、uncertainty(不确定性)、complexity(复杂性)、ambiguity(模糊性)和 hyper connectivity(超级连接性)。

② BC 和 AD 分别是英文中公元前 和公元后的缩写。在此分别借指 before COVID 和 after COVID,意指新冠肺炎疫情有划时代的意义。

转型变化,指企业为解决问题,通过改变当前状态进入新阶段,如并购就属于这类变化;三是彻底改变,指企业改变其文化、核心价值和运营模式。

对于个人而言,还有生活上的变化,这对我们的影响不可忽略,因为工作只是人生的一部分。

应对和管理变化是我们每个人的必修课。我想从个人的经历和经验出发分享应对职场变化的一些心得,包括公司对人才的需求和期望的变化。

我的职场变化经历

我在第一章简述了我的成长经历:出生于新疆,在南方小镇度过了中学时代,到北京上的大学,梦想成为记者,却去了国企参加石化项目,之后跳槽去了被父亲认为是吃"青春饭"的外企,结果一干就是26年多。这26年多我虽然是在一家公司工作,却在不同的4个国家担任12个不同的职位,相当于每两三年就变化一次,这还不包括同时兼任的工作和在同一份工作中上级领导的变化。这里简述几个印象深刻的变化。

在身为国企的工程企业工作时,恰逢中国石化产业的高增长期,大量引进技术和设备,因此我度过了忙碌充实的5年,参与多个总包项目的谈判。也因为这些项目,我到欧美、日本等多地访问,接触了不少国际大公司,从专利技术提供者到国际工程公司,比如杜邦、巴斯夫、德西尼布、壳牌以及日本的各大商社如丸红、伊藤忠等,见识了外面的世界。由于工作表现出色,我提前晋升至中级职位，有了一个被看好的未来。但我觉得那个未来是：十几年、二十几年后可能还是做相似的工作。部门里就有这样勤勤恳恳一辈子的年长同事，虽然也没有什么不好，但这不是我想要的。我还意识到，在工程公司年轻一代工程师的外语，尤其是英文水平，提高得很快，而我只有语言优势，没有技术背景，不可能有大的发展。我那时的想法是，我未来要做的工作，外语只是工具，我得有其他专长。

当外企的工作机会来临时，面对几家不同的公司，在信息不发达的20世纪90年代，我听从了工程师朋友的建议，加入技术实力强大、业界口碑不错的壳牌，尽管当时壳牌给的薪酬最低。我就这样成为壳牌在中国的第一位公共事务专员，一干就是26年多，在4个国家的12个职位上，从职业小白成长为领导全球一体化天然气业务和亚太区公共事务的高管。在这些转变中，对我影响较大的几个阶段如下：初入外企和公关行业；第一次到伦敦总部工作；负责大中华区公共事务；到新加坡管理亚太区公共事务，管理全球一体化天然气业务的对外沟通；最后的告别。

对于初入外企和公关行业的经历，我在第一章中提到了从做选择到入职培训，再到独当一面的过程，这里不再赘述。那段经历给我印象最深和对我影响最深的是：对公关专业技能的基础学习，是"师父领进门，修行在个人"。那时公关行业在中国刚刚起步，没有什么太多的经验可循。我的公关师父——当时的老板JW和他给我请的公关专家CS对我进行了很好的入门辅导，但更重要的是他对我的信任和授权，让我可以自由发挥。即使犯了错，也是如此。比如前面提及的那次新闻稿的电脑软件查字风波，我从中认真学习、反省，吸取教训，最终成就了自己。JW之后的老板，JF和NW也对我信任有加。这一阶段，我最大的收获是领导们的赋能于人和对人的信任，这样的经历让我在成为不同级别的领导后，也同样注重员工的能力培养，给予信任。可以说他们是我"如何当领导"的最初模板。

我初到伦敦总部工作时，犹如一下子掉进了泰晤士河：老板充分授权，只提供"救生圈"，身为总部大楼里少数中的少数——亚裔+女性+中国，我亦珍惜这样的机会，不让自己"掉链子"，争取把每一项工作都尽自己所能做到最佳水平。这一阶段，我最大的收获是敢于提问，即不知者无畏。当然，也有信心不足的时候，但我总是抱着"我是来这里学习的"态度，敢于问问题、提建议，加上不时能交出好的答卷、得到好的反馈，最终算是"游过"了泰晤士河。

回国后，我担任大中华区公共事务的领头羊，第一次带领团队，其中有比自己年长和更有资历的下属，面对要求很高的业务领导，领导团队比做事更具挑战性，加上当时孩子还小，刚开始的一两年是一种类似重生的历练。好在做的事情很有意义：推进中国战略的形成和业务的快速发展，进行品牌推广，实施各种可持续发展项目，与利益相关方合作和沟通，参与汶川地震的灾后重建等。好在团队的同事大都积极向上，愿意同甘共苦一起成长。工作面之广、内容之丰富给我们带来了一种享受，工作量之大也是对我和团队的考验。我和团队都付出了许多，同时成长也很明显，其实作为初次带20多人团队的领导，我本可以在人力资源配置上做更多的考虑，以平衡自己和团队成员的工作与生活。

从事大中华区公共事务领头羊的工作让我在专业和领导力方面都得到了扎实的锤炼。其间在和总部职能老板和大中华区业务老板讨论今后的发展时，我们发现大中华区公关负责人的岗位编制无法改变，再往上最合适的职位是亚太区公关负责人。关于这一话题的讨论延续了一年多，到2011年年中，我当时的老板亚太区公关副总裁辞职后岗位才空出来。当时正值全球公关部改组，总部希望我一边继续负责大中华区的工作，同时代管亚太区的工作。直到那年10月底，作为改组的一部分，总部确认我于2012年接任亚太区公关副总裁，到新加坡上任，我成为担任该职位的第一位亚洲女性。我也没想到在新加坡一干就是10年，直到离开壳牌。其间，我经历了多次业务和职能部门的各种变化，包括亚太区的地域划分变化。

2012年我到新加坡上任，开始领导亚太区公关部，同时负责支持油气勘探开发（上游业务）的亚太业务板块，也就是说有职能领导和业务伙伴的双重责任。面对亚太区十几个大小不一的团队，我面临的挑战是如何建立一支有凝聚力的高效亚太团队。关于团队建设方面的想法，可以写成专题报告了，特别是以下这几点：
（1）设立亚太团队的核心理念：众志成城。团队大小不一，各市场面临的挑战各异，加上刚刚改组完，我没有太多的人力资源配额，而亚太区是全球业务的增长重点，要想做到以少胜多，合作共赢是唯一的出路。（2）以学习成长为起点，以建立高效团队为目标，建立合作机制。其中一个做法是组建工作组，让有经验的同事担任大区各个主题项目的负责人，带领来自不同国家的同事一起交流学习，并推动大区的各项工作，比如社交媒体组、内部沟通组等，这样可以打破国界、互通有无和彼此帮助；还可利用职位招聘的空档期,让大区同事有到不同市场短期工作的机会,这既可解决职位招聘期的燃眉之急,又给同事创造了发展机会。(3)加强大区内部的沟通,建立基于大区领导团队的月会制,基于大区全体员工的季会制,以及大区的年度面对面大会。这样,我们有机会就大区的计划、重大项目、议题等在不同的节点和场景下讨论分享。当然,各个会议的侧重点不同,比如大区季会除了上传下达议题外,也是让前线同事分享成果和学习的机会。除此之外,我自己和直线下属有一对一的例会,例会召开频率依据他们经验、资历的不同而异,每两周或每个月一次。我和基层同事也有相应的会议,能让我有机会听到来自最前线的声音。到任的第一年,我给自己设定的目标之一是到年底认识并记住每一位大区同事的名字,最终做到了。

亚太区的大区年会,亚太区业务和职能部门的领导及总部的同事都争相来参加,一是因为横纵向合作的需求,二是因为每年的年会内容设计较好,内容充实,还有有趣的团建活动。2014年在马尼拉的会议结束时,集团媒体关系部的副总裁告诉我他"很想把亚太团队的合作精神和正能量带回欧洲",我认为这是对我们建立了一个有凝聚力的高效团队的最佳评判!

对于业务,亚太区有完整的业务链,尽管各市场的业务和发展阶段不同:有百年老店如菲律宾、马来西亚、新加坡,有快速成长的新兴市场如中国、印度,有准备进入的市场如缅甸。亚太区各市场的团队支持所在市场的各项业务,在大区层面,我直接面对亚太区的油气勘探开发业务、内外部的沟通、新项目的支持等。我的前任在交接时告知我他的遗憾之一是没能进入上游业务的领导团队,并提醒我最好能争取"一席之地"。在第一次和亚太区上游业务的执行副总裁 MK 见面时，我就直抒胸臆，表明改组后我在大区的人手变少了，业务量增加了，为了保证有效沟通，我希望能参加他的大区业务领导会，没想到 MK 居然答应我可以列席，即作为非正式成员。我并不在意是否是正式成员。第一次组织上游业务的亚太区员工大会时，我对 MK 的演讲稿提出了几个建议：增加图片，讲故事，引入外部信息，如媒体对年报和季报的反馈等。MK 一一采纳。之后，他还接受了我的其他建议——每次邀请一位前线领导与员工分享如何实施战略目标。此外，我还和几位业务副总裁紧密配合，从公关的角度，就新业务发展、现有业务的内部管理提出建议。就这样，我和亚太区上游业务领导团队建立了信任关系。2012 年亚太区有多个上游业务发展说明会，以及世界天然气大会在吉隆坡举办，亚太区扩大领导会在北京召开，MK 对得到的公关支持都甚为满意。

刚与亚太区上游业务度过了磨合期，集团上游业务就宣布了重组计划，打破地区划分，2013 年按业务板块组合，成立一体化天然气业务板块，总部设在新加坡。我们这个职能部门的全球领导很省事地就把全球一体化天然气业务交给了我，这当然是对前一年工作的认可，但我们都对业务的增长和需求估计不足。不久，我的天然气业务团队从最初的不足 2 人增加到 6 人。这时我带领亚太团队和全球一体化天然气业务团队两个团队。虽然这是我第一次带领全球团队，但得益于在中国和与亚太区上游业务伙伴合作的经验，我们和天然气业务领导团队的配合很顺利，在内外沟通、推广天然气、建立天然气领域的意见领袖地位方面做得有声有色。

此后不到 3 年，2015 年集团宣布并购英国天然气集团（BG），主要板块是深水勘探开发和天然气业务，天然气业务因此上升为集团板块，同时包括新能源业务。我和团队从 2015 年底起为天然气业务升级和并购生效做内外沟通的准备。由于并购，天然气业务团队从 6 人增至遍布全球的 70 多人，到并购整合完成达到 170 多人。针对这一并购我们部门也做了调整，从 2016 年 1 月起，我只负责全球一体化天然气业务团队，亚太团队划归另一位同事管理，此时它已是一支高效团队。并购之后全球一体化天然气业务有众多的需求，包括从整合并购后的团队到升级后的业务定位等。业务领导 2016 年初就搬回海牙总部了，我依然在新加坡，2016 年共出差了 200 多天。

那年的 7 月，我的职能老板——集团公关 EVP 告知我的工作职位要放到海牙总部并要按集团人事规定和荷兰劳动法的规定在内部公开招聘。我知道这意味着我只是候选人之一。果不其然，有近 20 位同事申请这一热门职位，我是入选最后短名单的三人之一。但最终我落选了。团队炸锅了，同事们替我打抱不平。在壳牌 20 年的职业生涯中，我第一次觉得出色的业绩没有顺理成章地成为晋升的通行证。公司给我的安排是重新接手亚太区公关团队，从我手中接管亚太公关团队的同事碰巧因故离开了壳牌。

对于没有能继续领导全球天然气业务和新能源业务公关团队，我自然非常不满，心情低落了一两个月。其间，好友、家人等都给了我很多的关照。亚太公关团队很希望我能顺理成章地到荷兰工作，成为亚洲人在总部的代表。虽然没能如愿，但他们让我感受到了最热烈的归队欢迎。集团领导也找我谈话，历数亚洲市场的重要性和期望我能继续接管亚太公关团队。

对于造成这一结果的原因，没有人给我正式的解释，说法众多，无外乎高层政治、对亚洲人的重视不够等。我没有花时间去探究这些，但我好奇的是：自己究竟是个什么样的人？为什么我选择了在并购整合期间努力做好每一步计划、实现每一个里程碑事件公共关系服务的交付，到主要并购市场出差，而没有花时间到总部社交？在这些问题的驱使下，我去上了盖洛普的"发现你的优势"高级培训课，想好好剖析一下自己。对于盖洛普的优势理论，我从2000年第一版《现在，发现你的优势》出版之时就开始关注，并自己做了网上测评。我相信"取长"比"补短"更有效，但并没有深入了解每个优势和如何发挥优势。课程让我大开眼界，我更加了解自己的才能，以及我为什么会以我的方式［天然才能（natural talents）］应对出现的问题，而没有有意识地使用和发挥才能，让它们转化为优势。

课程附带成为优势教练的可能，我觉得"发现你的优势"课程可以惠及更多的人，作为领导也可以将其用在带团队的实践中。我于是参加并通过了成为优势教练的考试。之后，我把优势教练用于帮助我领导团队，并结合公司的年度个人发展计划，最终得到了团队的良好反馈。同时，全球领导团队和其他市场的团队听说后，也请我给他们的团队做辅导。一次挫折成就了我成为优势教练，真可谓"塞翁失马，焉知非福"。

重新带领亚太团队，也是自2011年以来第一次不身兼两职，我把主要精力放在培养一流团队上。在"众志成城"的基础上，我们有这样的定义：团队＝一起，每个人成就更多、更好、更有趣！（TEAM = Together, each achieving more, better and fun！）自2017年起，亚太区成就了多个第一，从媒体正面报道，到社会投资项目

第十六章 勇敢面对变化

的参与度和获奖比例，以及成为全球唯一一个一年举办三场"壳牌汽车环保马拉松"比赛并进行品牌推广的大区，并取得最佳传播效应。2020年年初，应对疫情亚太团队也交出了良好的答卷，为全球团队应对疫情提供了不少好的做法和经验。

2020年年中，集团开始了一场近30年来最大的改组。这一次，我很明确自己想做什么、不想做什么，并提前告知了集团领导。年底，高层职位结果出来时我没有拿到想要的职位，尽管领导再三挽留，也有平级的其他职位可以选，但我觉得是时候开始一段不一样的人生了。于是我提出改组结束后离开。这一选择，在理智上不难做出，但在情感上做出调整却不易。毕竟这是我供职了26年多的公司，是我公关职业生涯的全部，至今我人生里程碑的大部分都在此完成。虽然主动选择离开，但我仍会站好最后一班岗，尽我所能帮助亚太团队和同事度过改组期，做好交接。在职的最后100天，我抽时间写了26篇"壳"时光文章，记录自己26年多的职业旅程，并在最后4个星期为亚太团队做了四场分享，作为最后的告别。没想到的是，我的团队把我写的26篇"壳"时光文章编辑成"书"，作为我的告别礼物之一；也没想到，这些记录竟会成为本书的雏形。

期望值的变化

随着社会和市场的变化，包括技术的进步，人们对人才的技能要求和期望值也随之变化。我在技能培养部分描述了专业技能与时俱进的必要性。世界经济论坛（WEF）2020年10月发布了有关未来工作的报告，针对100多个国家对未来技能的需求进行了详细描述。报告指出，由于技术的发展，比如人工智能会取代一部分重复性甚至一部分复杂的工作，目前在职人员的技能在5~10年内都会过时，因此，不断学习新技能的迫切性显而易见。有意思的是，在未来需要的排名前十的技能中，除了那些硬核的技术技能之外，有多项"软性"技能，比如项目管理、沟通技巧等。这也是有益的提示，无论何种专业，一些共通的技能依旧必不可少。

除技术技能外，还有领导力要求的变化。这里不展开讲领导力，单从我在壳牌这些年来经历的领导力框架的演变就可见一斑。我们曾经有九大行星领导力框架，之后是AGCP[①]四大核心。2020年版为五大模块，包括增强信任、优化业绩、坚守价值等。这些变化体现了延续性和进阶性，最新的引入是"Learner Mindset"（学无止境，与时俱进），我认为这是应对VUCA[②]应有的态度和行为。在充满变化和不确定性的世界里，没有人有所有问题的答案，最好的应对之道就是保持好奇心，不断学习，以这样的心态应对万千变化。

具体到个人职业发展，每个人的驱动力和目标不尽相同。在带领和辅导团队的过程中，我发现一些人的目标很清晰，比如有人想"我要在50岁的时候做到公司高管级别，现在40岁左右，那就给自己规划，今后如果继续在这家公司，下一两个职位应该是什么，这样才能达成50岁的目标"。还有人想在40岁实现财务自由或50岁退休，那可能会给自己设立每个工作要带来多少收入的目标，或

---

① AGCP指authenticity（真诚）、growth（成长）、collaboration（合作）和performance（绩效）。

② VUCA指volatility（易变性）、uncertainty（不确定性）、complexity（复杂性）和ambiguity（模糊性）。

者还计划做其他一些能带来额外收入的工作，做"斜杠青年"。还有一些人对某一个专业或行业，比如可持续发展领域特别感兴趣，就想成为这个领域的意见领袖，那么其职业选择会围绕这方面深入拓展并期望成为这方面的专家。每个人的动机不一样，没有好坏之分，没有选择的对错，只要你认为它适合你。

以"成长"的心态对待变化

在辅导员工的过程中，我经常用到一些模板和工具，以帮助团队和个人理清思路。其中一个是 GROW，即 goal（目标），reality（现状），option/obstacle（不同方案/困难、障碍），way forward/will（行动方案/决心），这几个词的首字母组合正好是"成长"的英文单词。

目标：你的目标是什么。要很清晰地描述目标，无论是经济目标还是"公司爬杆"目标。设立目标时可以使用 SMART 模型：S——具体化；M——可衡量；A——可实现；R——现实；T——有时间表。

现状：现实如何。全方位扫描你的个人技能，你所在的公司、行业或国家目前的状况，比如宏观经济或市场情况、换工作容易与否等。作为盖洛普优势教练，我还想提醒大家"发现你的优势"，取长比补短容易。

不同方案/困难、障碍：有哪些可能性。如果目标是升级，是在公司内还是寻求外部机会，每个方案下有哪些机会或困难，可能性如何？同时还要回到目标期限——3~5 年或者 8~10 年，挑战不同，则方案各异。

行动方案 / 决心：上述分析完成后，决心和行动必不可少。比如设定升级或升任高管的目标后，在目前的状况下该做什么？是否要提高自己的技能，如何提高？如果是寻求外部机会，从哪儿着手？

GROW 提供了应对或主动管理变化的工具，即自己可以对自己进行分析评估，也可以找同事、朋友帮忙或寻求有经验的导师辅导。

在辅导年轻同事时，面对变化或机会，常常有人问这样的问题：这个工作或机会是否适合我？我要不要跳槽换工作？我建议还是回到 GROW 的第一个维度，你的职业目标是什么，突如其来的机会或变化是否和你的目标契合或有悖于你的目标？是否可以成为选择或方案之一？年轻同事还经常问的问题有：这份工作提供的薪酬更高、职位更高或者职务抬头更好，我要不要考虑？同样回到初心上，就是：你到底想成就什么？目标为何？记住多问自己几个有关目标的问题。

再聚焦一下我最近的经历。2020—2021 年壳牌进行全球改组，几乎每个人都要重新申请工作，在这一过程中通过辅导不同背景的同事，我观察和体会到了 GROW 模式的相关性。改组这一变化给了每个人梳理自己的 GROW 的机会：你的目标是什么？对于你目前要申请的某个职位，先不论能否拿到，它跟你的长期发展有什么样的契合度？现实如何？有什么方案或障碍？目前还能做些什么？在壳牌，每人最多可以申请 5 个职位，这个框架还可以帮助你理清头绪，排列优先顺序。

申请过程中当然还有诸多具体问题，但综合给 20 多位自己团队同事和其他部门同事提供的辅导，其中几个关键环节具有共性：

（1）如何定位：也就是通过两三段简短的文字，把自己清晰地呈现出来，好像自画像，是基于事实的高度概括，让不认识或不熟知你的人对你有个快速而准确的了解；避免相关经验和经历的堆砌。如有必要，可以附上更为详细的简历。

（2）两个重要问题：申请职位，无论是内部的还是外部的，其实都要回答两个很重要的问题：这个职位对你来说意味着什么？你能为这个工作带来什么？

对这两个问题的回答其实是向未来老板显示你清晰的个人定位和职业发展目标，以及你的过往经验和能力。对于这个职位对你来说意味着什么，有人会觉得这一职位我还胜任不了，我的经验可能还不够。这时，对于新职位，我的鼓励是没有一个人是100%准备好的。新工作有新要求，你一时可能达不到，但是这个工作跟你的长远发展高度契合，你需要清晰描述你的长期目标，说明这一职位对你长期目标的重要性。加之你过去的经验、成绩和表现证明了你的学习能力，这样，招聘者或者未来老板就看到/听到了一个完整清晰的职业故事，既有过去，更有未来。这不仅证明你认真、有条理地准备了，重视这一机会；更重要的是展示了你的理想和专业水平。

变化是常态。个人成长和职业发展不会是直线式地一路凯歌。重要的是清楚自己的目标和驱动力，不断地以GROW模式自我反省或在他人帮助下"照镜子"。外部的变化、个人的成长和成熟，都会导致目标的变化。利用GROW模式可以帮助个人重构和不断调整职业的成长路径。

小结

唯一不变的是变化，它无处不在、无时不在。在这里，我结合自己职业生涯的经历以及带团队和作为导师辅导他人的经验和体会，主要谈了如何应对职场中的变化。

职场的变化有些可以预知，但也不乏突变，这些突变大都超出个人可控的范围，如机构调整；有些变化是我们主动为之，是自己的选择，如跳槽、换工作。面对变化，重要的是如何应对和做出选择。

美国著名管理大师、《高效能人士的七种习惯》的作者史蒂芬·柯维说："每个人都有四种禀赋，即自我认知、良知、独立意愿和创想能力。这些赋予了我们最终的自由……选择、应对和变化的力量。"

回顾自己的职场经历，我基本上是选择了更能让自己成长的路径，这往往不是最容易的，它伴随着未知和不确定性。不破不立，打破一种平衡，就得找到建立新平衡的支点。对我而言，在工作中不断学习，尽所能做到最好是我的支点和成长阶梯，这印证了姥姥教给我的"艺多不压身"的道理。经历了 2016 年的挫折后，我选择系统地学习盖洛普的"优势"成长模式，既了解了自己独特的优势——责任、成就者、信仰、连接、自信，也明白了为自己带来满足感和成就感的驱动力是自己和自己较劲把事情做到最好。因此，重新接管亚太团队后，我选择了继续打造一支高效的大区团队，并取得了骄人的成绩。在 2020 年的重组中，我清楚知道自己想要什么、不想要什么。没有达到预期时，我选择离开。虽说是理智的选择，但过情感关并不容易，但我听从了内心的声音：是时间开启另一段旅程了。虽然我不知道下一站会在哪儿，但我认为利用自己的公关专长、管理经验，可以继续做对地球和他人有益的事情。

在辅导团队和他人应对变化时，我常用"优势"模式帮助他们加深对自己的认识，尤其是如何将自身的潜质释放出来，变成优势，成就自己的职业目标和人生梦想。接受过辅导的团队和个人都受益匪浅。具体到如何应对职场中的变化，我常用GROW模式，帮助大家厘清自己的目标，面对现实中可能的机会和选项并采取相应的行动。我借助这一模式在过去几年中帮不少同事和外部人士有效地应对职场中的变化，如机构调整中的职位选择，以及如何抓住工作中的升迁机会。

在过去两年中，所有人面对的最大挑战是新冠肺炎疫情带来的巨大变化和不确定性，涉及人类的方方面面，我会在最后一章谈到其中的一些变化和感悟。

第十七章
拥抱多元化和包容性

拥抱多元化：手掌变拳头

我最早接触多元化和包容性的话题，是在伦敦工作的时候。2001年壳牌第一次提出了集团多元化的"双十"目标：一是在高层领导职位中10%的当地人担任各市场的一把手；二是10%的女性担任高层领导。当时我是总部公共事务部门唯一的亚洲女性。在一次内部沟通会上，我向部门的最高领导提出了一个问题："为什么会选择我无法控制的两个方面设定多元化和包容性的目标，即性别和国籍？"记得领导回答说，我们得从一些地方着手，多元化有显性不同和隐性不同之分，显性不同有国籍、种族、性别等；隐性不同则比如信仰、思维方式、看问题的角度等。即使国籍或性别相同，想法和做事的方式也可能不一样。多元化和包容性是一枚硬币的两面，从显性不同着手是多元化的一个起点。

2003年，我在海牙工作的时候负责组织了一次亚太区各市场一把手的主席大会。那时，亚太区各市场的一把手中，只有一位女性，还是一位英国女士在印度尼西亚市场当一把手。快进到2021年，亚太区14个市场中有6位女性一把手，分别负责日本、韩国、印度尼西亚、越南、文莱和新加坡市场。20年来，我们在显性的多元化上有了很大进步，至少在亚洲做到了"妇女能顶半边天"。

我在海牙工作的时候，也是公司内海牙职业女性工作组的成员。那时，我们发现，缺乏托儿所和幼儿园设施是女性职业发展的一个障碍，很多职业女性在有孩子以后会选择不工作或不全职工作，以便照顾家庭。当时我们工作组的一个工作重点就是跟政府沟通，游说政府建立更多的托儿所，让职业女性有更多选择，可以在有孩子后选择继续工作。

这些经历让我更多地关注多元化和包容性方面的问题。随着自己逐渐成长，我开始承担领导工作，更多地从公司和管理的角度，倡导和推动创造条件，让女性同事有平等的机会，给女性员工打破天花板的机会；同时也更加积极参与公司内外的有关讨论，分享这方面的困惑、心得和体会，帮助自己和女性同事成长。

我坚信多元化是一种优势。好比一个手掌的五根手指，长短不同，作用各异。攥成一个拳头，会比手掌更加有力。这就是为什么我认为多元化是一种很强的优势。在一个团队里，认可每个人的不同，看到每个人的强项和优势，组成一个强有力的团队，那就是把手掌变成拳头的积极变化。

真诚地拥抱不同就是包容性，把不同背景、不同优势的人组合在一起，团队可以成就更伟大的事情。当然，前提是团队要有共同的愿景，大家和而不同：认可不同，更好地利用这种差异，把差异变成一种优势。团队成员能够清楚彼此的优势,有空间把各自的优势发挥到极致,同时也能够认识聚到一起的力量。在亚太区,我们把团队诠释成"一起,每个人成就更多、更好、更有趣!"

生活和工作:融合中的平衡

回到女性同事关心的工作与生活平衡的话题。我曾经被问到:为什么女性到了一定的年龄好像不再那么野心勃勃或者不再那么动力十足地去追求事业上的成功?人力资源部门做过一些统计,在大学毕业生的招聘当中男女比例相当,到了一定的阶段、年龄或职位级别,比如工作了10~15年开始出现分水岭。这个时候,可能是女性30多岁,开始考虑家庭如结婚生子。女性升职的比例急速下降。这当然也给雇主提出了问题,即如何保证女性员工不会因为家庭的原因失去升迁的机会,如何在招聘和职位设置中有更多元化的考虑,比如分时工作和非全职工作。当然,政府也扮演着重要的角色,比如北欧国家爸爸们也可以休产假和育儿假,在政策层面上创造了让女性生产后回到工作岗位的社会环境。

从个体层面上讲,要意识到工作不是一个人的全部,个体在人生不同阶段有不同角色,而这些可能会给我们的职业发展带来不一样的挑战。从职场的角度看,由低到高,职业生涯可以分为三个阶段,从发展自己到发展他人(领导角色),最后到不确定性和复杂程度更高的变革管理。当然,这一路径并不完全是线性的。无论男女都要在职场上经历不同的发展和阶段，同时还要在生活中扮演不同的家庭角色：父母、夫妻、儿女、兄弟姐妹。那如何面对这些交织在一起的角色？

还有同事这样问过我：怎么看待女性同事在十字路口的决定？我觉得这是个人选择的问题。首先，我会尊重她的选择，但如果她征求我的意见，我会问"你认为在这一阶段什么重要，是家庭还是事业？"或"你如何排序？"其次，我的提醒是，无论怎样排序、如何选择，都有相应的结果或后果，只有你能为自己的选择负责。选择家庭或事业，或二者兼顾，都不是那么简单，它可能是对一种生活方式的选择。清楚知道自己的选择和它所带来的变化，可帮助自己正确选择应对方式。

如果你想家庭、事业两不误，且两样都想做好，这完全有可能，很多人在这两方面都很出色。年轻时的我也选择这样做。回想起来，生活因此改变了很多，得放弃自己以前认为重要的事情或喜欢做的事情，或者调整方式方法。没有孩子之前，我会去美容院、做美甲；有了孩子之后，这些更多的是出差在外时的一种享受，在家的时间都给了孩子。这是我的选择的结果。如果想生活、事业两不误，你还可以寻求一些更广泛的支持，包括来自你的配偶或大家庭的

2019年初在马尼拉和菲律宾商界女性探讨领导力话题

支持，或者请专职保姆。想清楚了，解决问题的方法总比困难多。

我37岁时才成为母亲，那时也正好赶上职业的上升期。我选择了两者都要。如果现在有人问我如何选，我可能还是会做同样的选择。不过，如果让我复盘，我会在做法上有所不同。那时我确实把自己逼得比较厉害，要求自己无论是当妈妈还是当部门领导，都必须做到最好，这就给了自己很大的压力。如果再来一遍，我的取舍会更得当，不要求自己把每件事情都做到极致，更好地排列优先顺序，更有选择性地承接工作，有更多的边界，更勇敢地说"不"。

关于工作与生活平衡，我更愿意称之为生活与工作融合。当然，这也是个人选择。要兼顾二者，每个人的情况不同，应对也不同。孩子小的时候，只要不出差，我会尽可能回家吃晚饭，而且睡前讲故事一定是我做。我们有自己讲故事的方式，我们会一起编故事或演绎故事。对于需要当天完成的工作，孩子入睡后我再继续。公关这一职业常需要我们在周末参加活动，只要允许，我会带上家人一起参加，比如"美境行动"、"壳"动未来，这样既可兼顾工作，还有家人的陪伴，同时也使得家人对壳牌和我的工作有更多的直接了解。我的孩子从小就是"壳牌汽车环保马拉松"的粉丝。

小插曲 壳牌在各地的公司都有女员工组织。我在荷兰、中国和新加坡都积极参与和支持这些组织的活动。每个地方的组织名称都不一样。在马来西亚是 Shell Women Action Network（SWAN/天鹅），在荷兰是 Professional Women's Network，在新加坡是 NOW（Network of Women）。2018年，我有次回国出差，刚下飞机就收到一封邮件，邀请大家为壳牌（中国）女员工组织重新起名字。当

时出差主要是为了"壳"动未来这一项目。在从机场去办公室的路上看到这一邮件,我突然有个想法,"壳"和"俏"同音,可以叫作"壳(俏)佳人"——壳牌大家庭里的佳人。于是,就在车里回复邮件发出了这一建议。回到新加坡之后,没想到这个名字还真被征用了,得到了一张星巴克卡,我将其转送给中国团队,给团队赚了几杯咖啡。

WE:我们·东西

我很喜欢 WE:首先,最简单的就是它的英文意思是"我们",一个我经常说的词;其次,它是英文"west"(西)和"east"(东)的首字母组合;最后,它和我的中文名字"卫"的发音有相似之处。

从文化的角度讲,中国人讲集体文化,在中国我是在集体文化下长大的。我喜欢讲"我们",尤其是从领导力的角度。从职场成长的角度来讲,从"我"到"我们"的转变,是从"个体户"到"领队人"的转变。我在分享领导力感悟的时候说过从"我"到"我们"的转变,是一个学习的过程,包括:学习放弃,比如要放弃"独当一面"的个人英雄主义做法;要学会如何带领团队一起成长;学习"有进有退",在需要决策的时候"一马当先",在有成绩的时候,把团队推到前面,自己往后一些。

WE 作为"west"和"east"的首字母缩写组合,代表了不同的文化、背景,由此产生的差异、冲突,以及可以达成的和谐,体现了多元化的美好和力量。

作为中国人，我在壳牌工作26年多，先是加入壳牌（中国），之后在总部伦敦、海牙工作过，最后十年在中西融合的新加坡度过，有不少"东"和"西"碰撞的经历和故事，也非常享受和具有不同文化、不同背景的同事共事。以下我分享几个小故事。

2000年10月，我到伦敦工作的时候，是部门里唯一的中国女性。我和J，一位英国女同事，共享一个办公室。刚开始的时候，我觉得J非常客气，我们之间保持着一种距离，界限很明显。那年的圣诞节，我大胆建议部门老板RA请大家去中国城品尝点心。RA很乐意地接受了我的这一建议。吃完午餐，我又请大家到我家里喝中国茶和品尝中国小吃。这之后，J和我的话题多了起来，从中餐，到中国文化、历史，慢慢地开始了我们的中西对话：从礼仪、价值观到公司治理，无所不谈。从我们各自分享的长大经历中可以看到中国和英国的现代化进程存在一些相似的变化。

J负责集团透明度和治理方面的议题。我那时候第一次接触国际社会组织透明国际（Transparency International，TI）的年度腐败指数报告。TI是一个监察贪污腐败的组织，从1995年起，它每年都会公布腐败指数报告，并提供一个可供比较的国际贪污状况列表。每年，北欧国家的清廉指数都相对领先，在亚洲，除新加坡和中国香港外，大多数国家（地区）的排名比较靠后。因此，这也成为我们探讨的话题之一。我分享了中国历史和中国文化中对清廉的崇尚，以及当代中国的反腐倡廉如何以更公开透明的方式加强监管等。在这样的探讨中，我感觉到东方和西方有很多差异，社会治理体制也不同，但是也有很多共同的价值观：诚实、正直和尊重他人。J后来还邀请我一起参加相关活动，觉得我作为亚洲人分享来

第十七章 拥抱多元化和包容性

自东方的经验和观点可以使对话更有建设性。这样的探讨对我后来举办有关"经营宗旨"的培训很有启发意义。每到一个公司去给同事做培训，我都会先做一些调查，找到一些当地相关案例，或者请当地的同事分享他们对一些问题的看法。在韩国和越南，我学到了当地有关清廉的说法，比如韩国就有和中国一样的"正大光明"的说法。

从沟通的角度出发，"东"和"西"的碰撞就更多了。单是翻译就有形形色色的有趣故事。翻译的信达雅不只是文字游戏，更重要的是让受众明白沟通的真实意图和信息，很多时候要升华——从准确、通顺到文雅。前面提到过关于"real energy for the real world"的品牌推广主题几经商讨和推敲，最后确定为"能源之道"，无须解释中国受众即可明白。

类似的例子还有我们的一个社会投资旗舰项目，叫LiveWire，在翻译成中文的过程中也是经历了诸多的商讨和推敲。这是一个鼓励创新创业的项目，结合中国的"双创"，我们最终的翻译从"生命线"变为"创之道"。2018年项目在中国落地，受众也是一目了然。

这样贯通东西的沟通不是很容易就能达成共识，有时还需要进行激烈的争论。这无关争论双方的输赢，最重要的是形成一个更好的答案和结果，让我们的受众无障碍地理解，最好还能产生共情。

"壳"动未来2018年在中国全面启动。"Make the Future"是公司全球统一的品牌定位，将其翻译成"壳"动未来已经很棒了。可是，在中文的语境下，仅这一句话似乎有一种话没说完的感觉。

在中国，对美好生活的追求是政府和人民的奋斗目标，是中国人民奔小康的共同愿景。因此，在最后确定中国活动方案的时候，我建议整体上定位为"'壳'动未来，共创美好生活"。这样便和全球"壳"动未来的文案略有不同，需要全球品牌管理的最高领导批准。方案经过多次讨论，最后获批。理由就是"'壳'动未来，共创美好生活"，让中国利益相关方，如政府、商界、客户和普通大众，一听就明白，还能产生共情。

现在说起这些小故事，似乎都是显而易见的。但并不是所有显而易见的事情都能轻易做成。我们每个人的文化、背景不一样，看问题的角度也不同，所以需要不断地沟通。还是那句话，这无关争论双方的输赢，主要是为了达成沟通目标：让受众明白我们的信息和意图。在这样的前提下，争论的出发点是"对事不对人"，不怀疑对方的意愿，耐心解释彼此的观点，永远把让受众明白作为最重要的标准之一。

当然，并非事事如愿。有个不是那么成功的小故事，也值得分享一下。壳牌浮式液化天然气装置"序曲"的组建是在韩国三星船厂完成的。在建造过程中，我有幸多次到现场参观，难以形容它的宏伟壮观。有一次看到现场堆放了几十件有十几层楼高的建造物，它们只是装置的一部分，需要吊装上去，类似超级巨无霸的乐高。组建完的"序曲"要航行到澳大利亚水域，从锚定后的采气、加工、液化到装船，都将在这一装置上完成。这堪称能源界和工程界的奇迹，我们做了许多有关"序曲"的内容宣传。

"序曲"启航之前，有一篇专访项目参与者的文章，被采访者包括项目的管理、设计、施工等各方面的参与者。其中一位韩国的工程师在谈他的感受时说,建成"序曲",看到它将启航,就像"自己的女儿出嫁一样"。作为东方人,我们能够感受到父亲的那种自豪骄傲和不舍,这是富有情感的表达。可是总部在最终审稿时将这句话删除了。我们的亚太区编辑据理力争也没有成功。从整篇文章的角度看,没有这句话并不是"伤筋动骨"的损失,但我个人认为少了人情味,而这在亚洲文化中很重要。

小插曲 刚到伦敦工作的时候,我发现一个有趣的开会现象。外国同事普遍特别能说,有时观点没有什么新意也要讲,讲的时候还常常说"Let me build on this point…"(我在刚才的观点上再阐述……),可是也没觉得有什么不一样的。后来有一次和一个研究文化差异的英国顾问聊起来,她解释说,在英美文化里,表达个人观点很重要。即使类似,也要表达,因为这是"你的"观点;不说可能被视为没有观点,久而久之,就会被忽略。而东方人总觉得要"言之有物",或是有不同的观点才值得一说。当然,不能一概而论。在日趋讲究多元化的今天,包容性越来越强,不能只拿一种标尺衡量判断。但是,到什么山唱什么歌,作为国际职业人,要懂得不同语境下的游戏规则。

那时,我还发现即使想发言,在激烈的争论中对于母语不是英语的我来说,很难自然切入。于是,我就举手,要求发言,作为少数派,这一招很灵。

另一个小例子,有一次和几个领导在伦敦开会,讨论一个全球项目的推广,即要将其落地到主要市场。讨论完毕,主持人让大家问问题，我最年轻，也是唯一的亚洲人，我说："问两个简单的问题，预算多少？谁出？"几位领导互相对视，心想还真没讨论呢。会后，老板夸我问得好。其实，对于来自一线市场的我来说，预算是个最自然不过的问题了。这次会后，我学到：不能低估自己的实操经验，在总部这样高大上的地方一样有用！

名字的趣事

在香港入职培训的时候，我发现香港同事给外国同事起的名字都非常地道，完全看不出名字背后是个外国人。比如说，当时的大中华区主席是庄高乐，他是英国人。我们部门的几任老板都是英国人，分别叫傅信明、吴凌康。

我学习香港同事的这种翻译，为第一次来访中国的集团高层起了很地道的名字，如司徒慕德、马博德、伍梓培、魏思乐等。这些中文名字让集团领导在和中国公司领导及同行见面时受到称赞。

司徒慕德是当时集团的 CEO。他的姓 Moody-Stuart 在英文中就是复姓，所以司徒这一带有古风的翻译得到了无数好评。司徒慕德从壳牌离开后去了英美煤炭，他还给我写邮件，征求我的同意，让他继续使用他的中文名字。

因为起了这么多中文名字，我的一位英国老板曾经开玩笑说："你可是这些执委会成员的'妈妈'，你给他们起了好听的中国名！"

最后讲一讲关于我自己名字的小故事。小卫的拼音"Xiaowei"让很多西方同事难以发准音，主要是拼音中的 X 和英文字母 X 的发音太不一样。有一次在荷兰开会，一位澳大利亚同事在仔细听了我的名字发音后，给我提了一个很好的建议，他说听上去很像"Shell Way"，还解释说，这曾经是壳牌（澳大利亚）道路安全项目的名称。这非常不错，既可以让大家正确读出我的名字，也顺便给公司做了品牌宣传，所以有一段时间在邮件的落款处我都标注上"Xiaowei"的发音类似于"Shell Way"的语句。

另一位英国同事曾经说，除了 Shell Way 还可以是 Shall We。这也不错！是的，我们——WE！

第六篇

为下一场危机做好准备

第十八章
新冠肺炎疫情：一场人类的危机

2019年底新冠肺炎疫情暴发。2020年1月，世卫组织（WHO）宣布新冠肺炎疫情为国际关注的突发公共卫生事件；3月11日，世卫组织宣布新冠肺炎疫情为全球性流行病。随后，世界各地开始采取封城等管控措施。我相信谁都没有预料到，两年三个春节之后的2022年，世界依然在抗疫！到2022年3月底，全球因新冠肺炎而死亡的人数超过600万，而该统计数字仍有争议。按照世卫组织的观点，实际数字只会比这更大。这场疫情影响了所有人，是一场人类的危机。我想不少人可以把自己的经历写成故事，因为尽管面对的是同一场危机，每个人的经历、感受也不尽相同。

这里，我将分享我和团队应对疫情时所经历的点点滴滴、抗疫两年多来的一些观察和感悟以及对未来的看法。在写这章的过程中，俄乌战争爆发了，这让新冠肺炎疫情及其引起的全球经济衰退更加雪上加霜，我们似乎已经进入了下一场危机。最近我听到了有关目前全球局势的4C表述：COVID-19（新冠肺炎）、climate（气候变化）、conflict（冲突，特指俄乌战争）、cake（粮食危机）。在这样多重问题和压力下，商业企业应如何应对？企业公关人又能做些什么？通过分享我过去两年多的经历、观察、体会和感悟，我认为：相较以往任何时候，商业企业都更需要做好 ESG 方面的工作，应对各种挑战；商业企业都更需要建立全面的复原力（或称韧性）；商业企业都更需要呵护信任，重建信任。在这些方面，公关人面临新的挑战和机遇，要先提高自身的复原力，然后帮助企业提升复原力，再让企业帮助社会提高复原力。

最初的几周

2019 年 12 月疫情在武汉暴发，2020 年初，全球开始了抗疫之旅。到现在已经有两年多了，人类依然没有走出新冠肺炎疫情的阴霾。尽管 2020 年底出现了疫苗，但病毒的变异似乎总是先人一步：2021 年年中的德尔塔病毒造成了疫情反扑，2021 年年底又出现了奥密克戎病毒。疫情变化扑朔迷离，各国的应对策略亦是不断调整。疫情何时了？似乎还看不到"隧道"尽头的亮光。

2020 年疫情最盛的时候，有人曾提议以后谈起这场危机时，用 BC（before COVID，新冠肺炎疫情前）和 AC（after COVID，新冠肺炎疫情后）来描述，无疑是因为这是历史性事件。姑且不论后人如何描述新冠肺炎疫情，经历了这一颠覆性事件，相信每个人都会有深刻的记忆。作为职业公关人，疫情最初的几个月让我难以忘怀。

2020 年 1 月 23 日，除夕的前一天，武汉封城。按原计划和传统，家人和好友在我家过除夕，吃团圆饭。那晚，疫情和武汉封城是整晚的话题。对于新冠肺炎疫情，大家了解不多，相关信息也有限，最近的参考就是 2003 年的 SARS。只是封城让大家感到情况应该很严重。新加坡那时还没有有关病例的报道，因为有 SARS 的经验，大家都认为用不了多久疫情就会得到控制。

那个春节假期是最难忘的假期之一，是一个天天工作的假期。当时武汉告急，需要各种各样的支持。大年初一晚上，我和亚太区的社会绩效经理召集中国团队开电话会，讨论有关启动"赈灾救助计划"的事宜。我们分享了有关赈灾的紧急救助经验，包括 2008 年四川发生地震时我们采取的应急措施和对社区的援助，既有短期的赈灾物资和善款捐赠，更有长期的恢复生计小额信贷；还分享了关于 2014 年菲律宾台风"海燕"和 2018 年印度水灾的救助经验。在壳牌，作为社会绩效管理的一部分，每个市场都有"赈灾救助计划"，由公关部执笔和执行，由一把手签发并在特定情况下启动。该计划主要是为应对各种自然灾害准备的，如飓风、台风、地震和水灾等，包括公司可以为所在社区提供的可能帮助以及如何和相关第三方合作。而应对类似新冠肺炎这样的疫情，我们还没有相关的经验可循。

当时疫情处在暴发期，最紧张的问题是医用防护物资短缺，比如口罩、防护服、防护镜等。在讨论中，我们制订了"两条腿"计划：一是从公司可以动用的资源角度，我们的加油站可以为医疗急救车提供免费的润滑油和燃油；二是看能否利用公司的全球供应网络，从海外供应商处购买口罩等短缺和急需物资。同时，我们开始了实时媒体监测。这之后不到 24 个小时，就看到许多中国公司和在中国的国际公司为武汉捐款的消息。当即，我建议壳牌（中国）在其捐款权限内，先确定一个紧急捐赠，捐给有信誉的非营利组织或机构，帮助武汉渡过难关。这样壳牌（中国）在大年初三就宣布了为武汉捐款 200 万元的决定，成为在中国做出这样的承诺和行动的第一个国际能源公司。同时加油站业务线按计划为抗疫车辆提供免费燃油。之后，全球疫情暴发时，我们在 33 个市场的加油站都为抗疫车辆和人员提供免费燃油，非燃油零售业务还为抗疫一线人员提供免费餐食。

最初的一两周，我们还花费了大块时间和负责全球及亚太区采购事务的同事一道调配、采购所能获得的口罩等急需物资，包括亚太各个生产企业可以调配的平时用于安全生产的防护用品。当时全球采购也面临不少挑战，因为在疫情初期所有人都在急购防护用品，同时防护用品的入关等也有特别规定。最终从海外采购到的口罩数量有限，只能解燃眉之急。在这一全球紧急采购过程中，亚太区和全球的同事都全力以赴，每天的电话会、邮件不计其数，大家更是放弃了假期和周末。这些同事的付出和努力虽然默默无闻，但感人至深。

2020 年 2 月，亚洲各国的疫情陆续开始了。那时，亚洲同事互通有无、互相学习和互相帮助。中国团队的内部沟通工作做得很到位，每天更新疫情相关信息，给其他市场提供了模板和参考。在最初的 5~6 周，我们每天都是在摸索应对和快速决策中度过的，有对内的，也有对外的。

按照惯例，每年年初我们都会选一个亚洲国家作为召开亚太领导团队年会的地点。2020 年的年会定在新加坡，时间是 2 月中旬。1 月底的时候，所有准备工作都已就绪。春节过后的 2 月初，亚洲各国疫情四起，虽然还没有任何公司或国家禁止飞机飞行或关闭边境，但在和团队的沟通中我感觉到有同事觉得此时坐飞机出差有风险。鉴于此，我在2月9日决定推迟会议。没想到，我们自此就没能再面对面地开会！

2020年"壳牌汽车环保马拉松"亚洲赛原定于5月底在马来西亚举办，2月已进入倒计时100天，来自亚太、中东近20个国家的100多支参赛车队很快就要开始将参赛车辆运送到吉隆坡。3月初，疫情日渐加剧，为了参赛车队的安全和健康，我们和全球团队商量后决定取消活动。同样，中国赛区的"壳牌汽车环保马拉松"原计划于9月初在北京举办，而全球决赛也计划放在北京。中国防疫成果突出，武汉封城76天，到3月中国基本上控制住了疫情，但在和总部及中国团队开会时，我极力倡导做两手准备，尤其要做好不能做现场活动的准备。果不其然，全球和中国的"壳牌汽车环保马拉松"都移至线上，中国更是上演了全线上的"壳牌汽车环保马拉松"。

类似这样的情况在最初的几周不计其数，疫情打乱了所有的计划和安排，世界被迫慢下来，保障安全和生计成为决策和工作的重心。

在疫情的挑战中绽放

全球认识到疫情的严重性大概是在2020年3月。那时，集团的资源调配和应对措施已开始有步骤地实施，而此时已经抗疫了两个多月的亚洲，尤其是中国的抗疫经验非常有借鉴作用。

集团的抗疫原则是注重三个C：care（关心员工、客户和社区），

continuity（保障业务和运营），cash（开源节流）。亚洲最早的应对方式和措施完全符合前两个C，今天依然如此。在对外沟通上，我们停止了各种跟抗疫无关的营销推广活动。在疫情严重的时候，各市场规定只保障必要的工作和物资供应，如医疗、公用工程（水电气）等。能源是不可或缺的物资，和所有其他行业一样，我们有很多可歌可泣的一线员工的故事。湖北加油站的一名员工，为了保障运营，在没有公交的情况下步行十几千米去上班。

2020年3月，亚洲各国陆续进入在家办公（working from home，WFH）状态，这也是疫情带来的另一个颠覆，一夜之间家成了"多功能室"——办公室、教室、会议室、运动馆等。信息技术能让每个人在家办公、上课，但每家的条件大不相同。饭桌、沙发都成了办公地点，我还看到同事坐在床上开视频会议，因为孩子上网课需要用书桌。对于这翻天覆地的变化，每个人都在不同的层面上做出应对：对健康的考虑，在家的工作安排，生活保障，等等。

生活得继续，工作也得继续。疫情颠覆了所有的计划，过去所有的面对面活动，要么改期，要么取消，能改为线上的都改为线上。挑战成了创新的助推器。

对内沟通的所有平台都启动了，包括内网、Yammer和各种社交频道。为了弥补不能见面的缺憾，各个团队开展了各种线上趣味活动，如线上欢乐时刻、厨艺大展示，亚太区团队还举办了"我在家的办公桌"图片比赛和"我们团队"的趣味展示比赛。集团领导也为前线同事打气加油。大年初四，我请集团负责中国事务的执委会成员MW为中国录了一段视频，并辅导他用中文说"中国,加油!";集团负责印度事务的执委会成员 HB 在视频中说"我们虽然要保持社交距离,但我们的心更近了"(We are socially distanced, but virtually connected more!)。

封控来得突然,大家一夜之间开启了完全不同的工作模式,都在尝试中。封控和在家办公让员工产生了焦虑感。因此,在团建方面,在疫情初期刚刚开始在家办公期间,我发起了"越层对话"活动,和亚太区超过 90% 的员工(亚太公关团队有 120 人左右)一对一连线,了解大家在家办公的状况。对于领导团队,我开启了新冠肺炎疫情学习活动,从在家办公起,每个工作日和亚太领导团体分享有关疫情、领导力、在家办公等相关文章,共计近 200 篇。2021 年,我们又开启了 2021 年学习活动,继续共同探索如何应对新冠肺炎疫情抛给我们的各种挑战。这些看似简单的安排,让团队感到虽然疫情使我们"隔离"开来,但大家的心更近了。

除了团建,我们将计划中的面对面培训和会议也都大胆尝试改为线上。亚太团队是第一个进行线上培训的团队,我们也把集团开了 40 多场的 P2CVP 工作坊改为线上,成功连线分布在 7 个国家的 40 多位同事对日本市场做了战略规划,效果一样棒!

对外,所有的社会投资旗舰项目都改为线上,从培训、方案征集到评审和颁奖。2020 年是不寻常的一年,亚太区交出了不寻常的成绩单。在 LiveWire(创之道)全球前 10 名中,亚太区占 6 名;在集团科技教育项目 NXPlorer 的全球参与者和获奖者中,三分之二来自亚洲各国。"壳牌汽车环保马拉松"中国赛的全线上活动,相较于 2018 年和 2019 年的线下活动,吸引了更多的参与者,在社交媒体上的表现创新高,壳牌(中国)"双微"(微博、微信)粉丝量过百万。

同时，我们在亚洲各国开展了不同形式的抗疫救助：在印度捐赠呼吸机和食物，在泰国捐建重症病房；在菲律宾帮助农户销售他们的农产品。我们以各种方式帮助所在社区抗疫、渡过难关。

回顾2020—2021年的抗疫历程，我为我们在疫情初期所采取的应对措施感到骄傲。那时，没有经验可循，但是大家齐心协力，选择做对的事，做到了对内和对外的关爱和保障业务的运行；把挑战当作创新的助推器，内外兼顾，在最困难、最具颠覆性的2020年取得了亮丽的成果。从领导一个涵盖13个市场的大区团队中，我体会到合作的力量，体会到体恤员工的重要性，体会到同理心和真诚在领导团队和沟通中的重要性，体会到以身作则的重要性，还体会到"沟通无限"的重要性和以人为本的重要性。

在疫情初期，大部分企业都采取了以保障安全和生计为重点的应对策略。从企业对外的角度看，几乎所有的品牌都从"营销"转向"服务"。2021年我担任新加坡公关协会公关大奖（PRISM Award）的评委，这一年，增加了"新冠肺炎疫情应对"沟通奖。入围的企业各异，有安保公司、航空公司、医疗保健公司和快销品公司等，但它们共同的特点是把员工和客户的安全和健康放在第一位，同时为所在的社区或社群提供服务。有一家航空公司在旅客不能出行的疫情期间让空乘小姐开设线上美妆课，有不少航空公司把客机改为紧急物资运输机，还有不少生产企业把原有生产线改为抗疫物资生产线，凡此种种都体现了各企业在疫情期间的战略调整——充分利用自身的核心能力，为客户和社区服务。

就与员工的沟通而言，没有了办公室里的面对面，但和同事的

"接触"因为在家办公而延伸到了每个人的家里。

因为疫情，所有的业务与活动都和"健康"挂钩。也因此，数字化的进程加速，如电子商务、无接触式付款等。

但是，病毒的持续变异总是让人觉得所有的应对措施都慢了半拍。2022年初，我们又陷入了新一轮病毒变异带来的挑战。东南亚各国的病例数比2020年最糟糕的时候还要多，各国政府又加强了管控措施。除了短期的应对，长期又会怎样？

由疫情引发的问题：公关人的新课题

新冠肺炎疫情不只是一场有关人类健康的危机，还类似于多米诺骨牌中倒下的第一块，带出了许多其他问题，涉及社会、政治、环境和经济等方方面面。

从应对疫情的角度看，各国政府的政策和做法不一，在联邦制国家，各州/省的规定也可能不一样。从最初的防护措施戴口罩、保持社交距离到管控边境，各不相同，而且还在不断变化。在疫情初期，大多数企业的关注点都是以人为本：员工（包括合同工）的健康第一。我们曾处理过撤离外派员工、员工出差因边境管控而滞留第三国和员工从第三国返回所在国不符合入境管理要求等突发事件。我想很多公司在疫情初期也处理过员工成为密接者、感染或死亡的事件。相对于全球疫情，这些个案也许算不上大事。但公司如何处理这些事件关乎员工切身利益和外界如何看待公司，这时就要发挥公关的作用，即保证沟通及时透明而又尊重个人隐私和符合相关政策要求。

第十八章 新冠肺炎疫情：一场人类的危机

一夜之间似乎世界按下了暂停键，对于通常在办公室办公的员工而言，在家办公也是瞬间的转变。大众衣食住行和健康的基本保障工作则需要医护人员、公交司机、餐饮业人员、工厂工人、保洁人员等必要工作人员坚持战斗在一线。一时间，不平等和不公平的问题也突显出来：大部分必要工作人员是低收入人群，而他们则担负着保障我们衣食住行和健康的重任。

在家办公、在家上课对职业女性的影响大于男性。麦肯锡的一份调查报告显示，相较于2020年，在2021年，职业女性中感到压力增加的提高了近一成，达三分之一。尽管很多企业/机构都有多元化和包容性的政策，但职业女性，尤其是少数族裔职业女性的待遇并没有改善。这些社会问题并非由疫情引起，但疫情让不平等的问题变得更明显、更突出、更引人关注。

疫情下不能出行，在家办公和超长期疫情造成的失业和恐惧等带来的另一个社会问题是心理健康状况更糟。经合组织（OECD）的一份报告显示，有些国家的焦虑症患者是疫情前（以2020年3月为分界线）的两倍多。与此同时，世卫组织的数据显示，由于疫情，97%的国家的心理健康服务投入减少了。一方面是心理健康服务需求的增加，另一方面是心理健康服务投入的减少，两方面的共同作用大大加剧了心理健康问题的严重性。

同样，学生在家上课也暴露了社会贫富差距。很多发展中国家和贫困国家的孩子没有电脑。对他们而言，在家上课就意味着停学。联合国教科文组织（UNESCO）估计有三分之一的孩子由于缺乏网络和设备没法参与远程教育，这可能造成深远的社会影响。即使是美国这样的发达国家，由于远程授课，相关研究显示小学生的数学学习落后了一年，因为影响技能学习的一个很重要因素是师生之间的互动。

2020年底，应对新冠病毒的疫苗成功研制并紧急投入使用。围绕疫苗，又有很多议题。贫富不等的国家获得疫苗的先后顺序不同，各国政府对接种疫苗的政策不同，民众对疫苗的接受程度不同。作为雇主的企业该如何应对？在世界各地有业务的国际公司，又该如何应对不同市场上员工的疫苗接种？

对于世界经济而言，当时国际货币基金组织（IMF）的数据显示2020年全球经济的平均增长率为-3.2%，并预计2021年和2022年这一数字分别为5.9%和4.9%。IMF认为疫情引起的经济衰退比2008年的金融危机更具有全球性，因为疫情的影响地域更为广泛，同时认为经济复苏的速度将因各国的疫苗接种速度、政策和结构性条件而不同。在疫情期间，麦肯锡每个季度都会做面向全球商业企业高管的疫情下经济复苏情形调研，2022年的结果显示超过半数的人认为最可能的情形是疫情反复，经济出现短期和长期的慢速复苏。原因有很多：病毒的变异，消费者信心下降，供应链受阻，等等。受疫情影响遭受重创的行业有航空、旅游、餐饮等，专家预测，有些行业要恢复到疫情之前的水平得用3~5年。"在同一场风暴中，但在不同的船上"（In the same storm, but not on the same boat）这句话生动描述了疫情下和疫情应对中的种种差异。

疫情也带来了一些好的变化。疫情之初，封城和在家办公等措施大大减少了人们的出行，由交通等造成的大城市空气污染问题明显缓解。远程工作安排成为趋势，大大加速了数字化进程和创新，从生产、商业到生活的各个领域。

第十八章 新冠肺炎疫情：一场人类的危机

疫情之外的其他挑战

除上述与疫情相关的各类问题和挑战外，人类面临的其他问题并没有因为疫情而"暂停"，最大的挑战自然是气候变化。

由于气候变暖，与气候相关的自然灾害在过去半个世纪增长了5倍，包括干旱、水灾、风暴和极端气温等。世界气象组织（WMO）2021年8月的一份报告指出，由于灾害天气，世界经济平均每天损失2亿多美元，有115人死亡。大家对2019—2020年的澳大利亚山火和亚马孙热带雨林大火的报道应该记忆犹新。该报告指出，1970—2019年，在全球报告的与天气、气候和水患有关的重大灾害中，亚洲占了近三分之一（31%），其中致死人数占近一半（47%），相关经济损失占约三分之一（31%），大多数灾害为水灾和暴风雨。

2015年12月，在巴黎气候变化大会上近200个国家签订了历史性的《巴黎协定》，旨在大幅减少全球温室气体排放，将21世纪全球气温升幅限制在2℃以内，同时寻求将气温升幅进一步限制在1.5℃以内的措施。为此，各国应尽快使温室气体排放达峰并在21世纪中期达到碳中和。近些年，亚洲各国纷纷制定了碳中和时间表：中国2030年实现碳达峰，2060年实现碳中和；日本和韩国2050年实现碳中和；印度尼西亚2060年实现碳中和；印度2070年实现碳中和。

亚洲碳排放占世界碳排放的52%（BP 2021年能源展望），由于快速的经济发展，亚洲的能源需求增长位居世界第一。因此，亚洲各国的碳中和目标备受关注。碳达峰和碳中和的目标和相关政策影响所有企业。

世界最大的投资管理公司贝莱德（BlackRock）的 CEO 拉里·芬克（Larry Fink）自 2012 年起，每年都给贝莱德投资的公司的 CEO 写信，这些信被认为是"风向标"，代表了投资界和更广大的社会对商业企业的期望和它们应承担的社会责任。

2021 年，芬克的信强调了为应对碳中和企业开始进行"结构性"调整的必要性，指出社会和环境问题的关联性、数据的重要性，以及企业业绩和可持续发展之间日趋成熟的关联。

GlobeScan 分析了芬克 2012—2021 年的信，指出由于专业人士和大众对气候变化的日益关注以及对企业期望的变化，与利益相关方的沟通、企业的初心和愿景、可持续发展和应对气候变化行动是强有力的企业管理中的"关键因素"。

疫情尚未结束，新的冲击又不期而来。2022 年 2 月，俄乌战争爆发，世界正面临对二战以来最严重的地区冲突。美国和欧盟宣布将对俄罗斯进行严厉制裁，很多国际公司纷纷停止或撤出在俄罗斯的业务。这使得本就处在疫情之下的世界"雪上加霜"，尽管其在政治上带来的动荡和影响还有待评估。

关于未来

2019 年底暴发的新冠肺炎疫情带来了前所未有的变化和挑战，也加剧了原有的社会、政治、经济和环境问题。

前途未卜，有多种不确定因素，但可以确定的是，它更加充满易变性（volatility）、不确定性（uncertainty）、复杂性（complexity）、模糊性（ambiguity）（VUCA），同时也充满无限的可能性。疫情让世界慢下来，让我们不能步履匆匆往前赶，但也有更多的机会去反思，为自己的生活、工作重新排序。虽然不幸遭遇人类的一场灾难，可是我们有幸见证和参与社会的重构和重塑，包括可持续的商业模式、ESG、应对气候变化、加速的数字化进程等，这些关乎每个人的未来。最近，麦肯锡预测后疫情时代的三大趋为远程工作、自动化和电子商务。在个人层面上体会和感知这些变化可能会因人而异、因地而异。我认为和所有人息息相关的方面是未来工作（future of work）。

办公室是工业革命的产物，打字机的发明实现了"机械书写"，让更多的女性成为白领；而现代办公室格子间的出现则源于20世纪60年代。在70年代，随着电话的普及率提高，美国曾有人提出远程办公，即在家工作。70年代末，IBM还做过一个让五位员工在家工作的实验。随着个人电脑的出现和自90年代中期以来信息技术的发展，远程办公和在家工作的人数正逐步上升。美国的数据显示，2003—2006年，在家工作的人数增加了400万。根据《哈佛商业评论》的介绍，疫情开始前，美国专利商标局已经开始了远程在家办公的诸多尝试，包括可以跨州和跨城市工作。新冠肺炎疫情让在家工作一夜之间成为"新常态"，加速了已经开始的趋势并开始颠覆工业革命以来的工作模式。

未来工作

2020年中以来，有关未来工作的讨论日渐增加。工作模式的转变是疫情所带来的"颠覆性课题"之一，也是疫情过后的准备之一。众多的智库和咨询公司做了大量的研究，给出了种种建议。各企业/机构也开始了后疫情时代恢复工作的讨论。从职业和个人兴趣的角度，我对未来趋势及其对个人、企业和社会的影响特别关注，跟踪了相关的报告和研究，也参与了壳牌多个市场的"复工计划"讨论。

对未来工作我们可以从不同的角度探讨：有人和地的角度，有雇员、雇主和社会的角度，有为什么、做什么和怎么做的角度。曾经，有少数人持恢复到疫情前的观点，但近期比较统一的看法是未来工作将是灵活的"混合型"，即到办公室上班和在家办公相结合。雇主和雇员的关系将朝着越发灵活的方向发展。综合这些我画了这样一张图（见图18-1）：

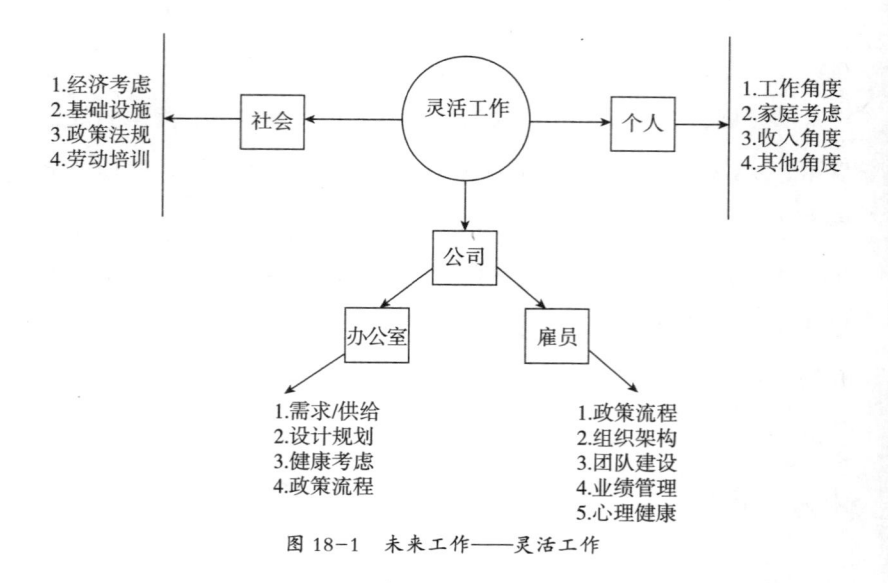

```
          社会 ← 灵活工作 → 个人
1.经济考虑                    1.工作角度
2.基础设施                    2.家庭考虑
3.政策法规                    3.收入角度
4.劳动培训                    4.其他角度
                ↓
               公司
              ↙    ↘
          办公室    雇员
     1.需求/供给    1.政策流程
     2.设计规划    2.组织架构
     3.健康考虑    3.团队建设
     4.政策流程    4.业绩管理
                   5.心理健康
```

图18-1　未来工作——灵活工作

下面，我们从小到大，看看各个层面上的挑战和机遇。

从个人的角度讲：多了灵活性和选择，减少了通勤时间，有助于平衡生活和工作，可以选择在喜欢的城市/社区居住是可能的好处。令人担心的方面则有，不去办公室是否少了和同事尤其是老板面对面的时间，是否会影响自己的业绩和升迁，在家的效率如何，在家的办公环境怎样。每个人的家庭状况和条件不同，在家办公是否真可以更好地平衡工作和生活？

从公司的角度讲："灵活办公"意味着工作更分散，团队和员工时空各异。要考虑相关政策和流程，还得考虑人和办公室两个维度。现有政策和流程需要做出什么改变？涉及什么人或部门？是定原则还是定细则，或两者都要定？从管理的角度讲，如何管理业绩？团队设置是否要有所改变？领导力的要求有什么不同？薪酬体系是否要更改？人才的吸引、招聘、培训等是否要改变？在办公室的设置上，办公空间的需求、设计是否要改变？此外还涉及健康安全风险的管理等。

从社会（包括政府）的角度讲：关于灵活办公的相关劳动法律法规是否有或完善？如何规范零工经济？跨境招聘用工制度是否有或完善？商务区办公空间的需求管理或布局设计、商务区的配套（如餐饮、公交等基础设施）是否要调整？在家办公对居住空间的需求改变会怎样影响房地产行业？新型社区又该如何考虑呢？此外，还涉及公共卫生需求（如心理健康）等。

无论是哪个层面都面临着另一个共同的挑战：自动化、机器学习、AI（人工智能）等技术进步导致知识老化加速。世界经济论坛发布的《2020年未来就业报告》列出了2025年需要的15项关键技能，包括：分析思维和创新能力，主动学习能力和学习策略，复杂问题解决能力，批判性思维和分析能力，创造力、原创性和主动性，领导力和社会影响力，技术使用、监督和控制能力，技术设计和编程能力，韧性、抗压性和灵活性，逻辑推理、解决问题和创意能力，情商，基于用户体验解决难题与纷争，服务意识，系统分析与改进能力，说服力和谈判力。同时，麦肯锡的一项调查显示，到 2030 年将有 25% 的人需要更换职业。

政府需要考虑劳动力再培训和再就业计划；公司需要考虑如何不断提升员工的技能，考虑工作在自动化（机器人）和人员之间的分配；个人则需要与时俱进，终身学习，以及再选择与再就业。

面对众多突变，作为公关人该如何应对？

首先，我建议先戴上以下"帽子"想一想。

如果你是 CEO，你如何计划？如何做？

如果你是一名员工，你如何打算？有什么期望和担忧？

如果你是这家企业的供应商或业务伙伴，你有什么诉求和期望？

如果你是这家企业的利益相关方（政府、当地社区、非营利机构），你有什么诉求和期望？

其次，做个企业面对这些突变时的 SWOT 分析（S= 强项，W= 弱项，O= 机会，T= 风险）。

最后，作为公关人需要思考以下问题。

"未来工作"带来的这些变化对企业的品牌目的 / 初心 / 价值意味着什么？企业的叙事、信息需要改变吗？有什么不同？怎样做？

针对不同外部利益相关方不断变化的期望，如何管理和沟通？

面对分散的企业员工，如何沟通？

需要学习什么新技能才能应对这些变化？

同理，在面对其他的一些变化时，如能源转型、数字化、元宇宙等会影响到每个行业的机遇和挑战，还有所在行业特别的变化时，都可以使用上述思路，理出头绪，制订相关的沟通计划。

面对种种变化，公关人要以"更上一层楼"的眼界，看到大趋势，从利益相关方的角度出发换位思考，为企业在VUCA世界中的生存和定位助力。

小结

在撰写本章的2022年年初，世界依然处于疫情的笼罩之下，虽然有些国家在大规模接种疫苗之后，开始放松管控措施，但由于奥密克戎病毒迅速扩散，不少国家又强化了防控措施。从新冠肺炎疫情伊始，两年多来世界依然在疫情的反复中摇摆。

很多人希望新冠肺炎危机一生只经历一次。但是，正如一句箴言所说，"希望不是战略"。我们得想办法走出这一场危机，更好地为下一场危机做准备。

在疫情期间，我们听到很多有关健康的建议，其中"增强个人免疫力"是预防病毒的建议之一。在走出新冠肺炎危机之后，希望我们能记住应对此次危机的经验和教训，了解未来需要面对的挑战，增强个人的、企业的和社会的"免疫力"，为下一场危机做好准备。那公关人该如何增强"免疫力"呢？

公关人要"更上一层楼"

丘吉尔说"不要浪费一场危机"。从最早应对新冠肺炎疫情和危机管理中,我们学到了什么?我的体会是:

(1)以人为本,把人的生命安全放在第一位。

(2)在信息不足、不完整,有时又有太多杂音的情况下,快速决策。

(3)针对未来(疫情下的未来有时是以天和周计算的),做不同的预案和计划(情景规划)。

(4)从行为的角度,讲究敏捷、合作、创新。

(5)从为人、当领导的角度,讲究同理心、谦卑心。

除了以上,公关人最后还需要"社会情商",这是我曾经的老板 BE 先生提出的,他认为公关人应"能够以更广的经济、社会和文化角度,审视企业面对的挑战和机会,并帮助企业做出决策,采取行动"。这和我在上面提出的"更上一层楼"有异曲同工之处,公关人要像 CEO 一样去看问题和思考,作为职业公关人,尤其是高级职业公关人,领导力当先。

有关后疫情时代领导力的建议众多,世界经济论坛建议企业董事会从以下几个方面考虑后疫情时代如何引领企业:有清晰的战略重点,对流程的改善,关注各种力量(信任、包容性),关注不同视角(变革的需求、系统价值、超前思维),关注人/地球/盈利(可持续发展)。

2020 年是美国未来学家阿尔文·托夫勒的《未来的冲击》出版 50 周年,托夫勒半个世纪前就提出了我们正在面对的"加速变化"的概念。咨询公司光辉国际（Korn Ferry）在《转变的加速：为后危机时代做准备》导则中，提出了"自我突破型领导"的概念，这一类型的领导需要有"适应性"的领导力，即：

（1）预知力（anticipate）。

（2）驱动力（drive）。

（3）加速力（accelerate）。

（4）合作力（partner）。

（5）信任力（trust）。

这几个领导力要素的英文首字母组合在一起正好是英文单词ADAPT[①]。

这些提醒同样适用于公关人。我认为公关人在面对这些挑战时，更要成为复合型人才：具备领导力和与时俱进的专业能力。这样才能度己度人（企业），帮助企业走出疫情，实现企业的下一个战略目标。

建设企业复原力和重塑信任

在疫情期间，有很多关于如何应对疫情的建议，包括麦肯锡的5R：解决问题（resolve）、复原力（resilience）、恢复（return）、重新评估（re-evaluation）、改革（reform）。还有Gartner的3R：应对（response）、恢复（recover）、创新（renew）。这些建议的共同之处是，都指向面对超长期疫情，企业除了有危机管理预案和计划外，复原力或抗逆力对企业的长久存续和可持续发展至关重要。

复原力是一个心理学概念，指一种能够从逆境、不确定、失败

---

① ADAPT要素由作者翻译，仅供参考。

以及某些无法抗拒的灾难中自救、恢复甚至提升自身的能力。延伸到企业，复原力是指企业面对快速变化的外部环境，保护和增加价值的能力。

这两年，在应对疫情和为后疫情时代做准备的背景下，有关企业复原力的探讨正合时宜。百年一遇的新冠肺炎疫情打乱了所有的计划和预设，是对企业的应急和危机管理预案、业务持续计划、赈灾恢复计划、安保方案等的有效性的最佳压力测试。大多数企业的最初应对行动都可圈可点：应对疫情以安全和健康为本，同时尽力保障社会的基本运转。

持续至今的新冠肺炎疫情更显示了危机的复杂性、不确定性，世界的相互依存度和不断变化的时间表。可以说没有任何企业的危机管理预案可以涵盖所有这些因素。反思疫情中的危机和应急管理，考虑未来加速的变化和不确定性，"企业复原力"建设成为后疫情时代企业准备清单上的重要考虑事项。

各大管理咨询公司和智库都提出了企业复原力的建设模型，基本上大同小异。我梳理了以下几个维度：

（1）思维意识的角度：复原力是企业实现长久生存和可持续发展的必要能力，要从战略的角度、从全公司的视角去考虑。

（2）复原力的一些原则：着眼于长远，坚持多元化，具备冗余能力，实行模块式设置，具备灵活性/可塑性。

（3）复原力的主要方面：人员、运营、供应链、技术创新。

（4）复原力的行为要求：领导力、合作力、执行力、打破边界和条条框框。

（5）复原力的益处：提升预见力、影响力和恢复速度，以成果为导向。

现有的危机管理预案大都基于已知或可预见的风险，而复原力的建设则着眼于企业应对各种未知变化的能力，需要企业以更广阔的系统思维，从全企业、长远、未来的角度考虑，并主动拥抱易变性、不确定性、复杂性和模糊性。

虽然不能预测全球何时走出疫情，但政府和企业都已经开始为复苏做准备，准备进入重塑和重建的时代，也包括重建信任。

正如在前文中已经提及的，对我而言，国际著名公关公司爱德曼2022年发布的《爱德曼全球信任度调查报告》最扎心的发现是：我们处在一个"信任危机"时代。调查报告让我看到的另一个角度是，公众把解决这一危机的砝码重重地放到了商业企业的天平上，对商业企业的期望值达到一个从未有的高度。

著名的波士顿咨询公司则提出我们正从一个熟悉的世界转向不熟悉的新世界。在那个熟悉的世界中，人类走向更加互联的未来，各种治理机制和国际机构共同发挥作用，数字化提供更广泛的联系，生产力和经济快速发展。而疫情以来的各种矛盾凸显了五个方面的断裂，让我们告别熟悉的旧世界秩序。这五个方面是全球化、气候变化、地缘政治、数字化技术和"部落主义"。

如何应对这么多的问题？不仅是我，恐怕世界所有人一时都很难给出答案。但作为佩奇公关原则的铁粉，我依然觉得佩奇公关原则或许可以给商界领袖和公关人提供一些解决之道和智慧，即：

· 讲明实情。

· 以行动证明。

· 认真倾听利益相关方。

- 心系明天。
- 公关关乎整个公司的命运。
- 员工言行代表了公司的个性。
- 不失平和、耐心和幽默。

在这样一个充满变数的疫情时代,我也经历了生活和职业上的最大变化:决定离开供职了 26 年多的壳牌。借这个机会回顾 20 多年来的点点滴滴,带着敬畏和感激,合上这一页,开启人生的新篇章。我希望自己继续以一个学习者的心态,面对一切和未来。

参考资料

第一章

https://www.greenbiz.com/article/why-2019-year-stakeholder-trust.

https://www.activesustainability.com/sustainable-development/do-you-know-when-sustainability-first-appeared/?_adin=02021864894.

https://sdgessentials.org/zh/why-the-world-needs-the-sdgs.html.

https://www.casvi.org/h-nd-1085.html.

https://ecovadis.com//glossary/sustainability-reporting/.

https://sdgessentials.org/zh/what-the-sdgs-mean-for-business.html.

https://guidance.miningwithprinciples.com/community-development-toolkit/tool-11-social-baseline-study/.

http://www.fon.org.cn/about/president.

第二章

https://www.greenbiz.com/article/why-2019-year-stakeholder-trust.

https://www.activesustainability.com/sustainable-development/do-you-know-when-sustainability-first-appeared/?_adin=02021864894.

https://sdgessentials.org/zh/why-the-world-needs-the-sdgs.html.

https://www.casvi.org/h-nd-1085.html.

https://ecovadis.com//glossary/sustainability-reporting/.

https://sdgessentials.org/zh/what-the-sdgs-mean-for-business.html.

https://guidance.miningwithprinciples.com/community-development-toolkit/tool-11-social-baseline-study/.

http://www.fon.org.cn/about/president.

第三章

https://www.history.com/topics/1980s/exxon-valdez-oil-spill.

https://www.theatlantic.com/photo/2014/12/bhopal-the-worlds-worst-industrial-disaster-30-years-later/100864/.

http://www.xinhuanet.com/fortune/caiyan/ksh/81.htm.

https://page.org/site/the-page-principles.

https://www.rightattitudes.com/2021/03/11/crisis-management-case-study-tylenol/.

https://reports.shell.com/sustainability-report/2018/responsible-business/safety/raising-standards.html?tabc=1e2.

第四章

https://www.greenbiz.com/article/why-2019-year-stakeholder-trust.

https://www.edelman.com/trust/2022-trust-barometer.

https://www.edelman.com/sites/g/files/aatuss191/files/2022-01/Trust%2022_Top10.pdf.

https://trustedadvisor.com/.

http://www.news.cn/world/2022-01/20/c_1211536642.htm.

第五章

www.shell.com/transformationscenarios.

https://hbr.org/1985/09/scenarios-uncharted-waters-ahead.

参考资料

https://hbr.org/2013/05/living-in-the-futures.

https://www.shell.com/energy-and-innovation/the-energy-future/scenarios/what-are-scenarios.html.

https://hbr.org/1990/05/the-core-competence-of-the-corporation.

https://cdo.develpress.com/?p=11605.

http://www.dgt-factory.com/uploads/2018/07/0717/%E4%BC%81%E4%B8%9A%E6%A0%B8%E5%BF%83%E7%AB%9E%E4%BA%89%E5%8A%9B%E7%BB%8F%E5%85%B8%E6%A1%88%E4%BE%8B._%E6%AC%A7%E7%9B%9F%E7%AF%87.pdf.

https://www.fondationloreal.com/.

https://globescan.com/2020/08/12/2020-sustainability-leaders-report/.

http://www.inquiriesjournal.com/articles/834/2/corporate-use-of-environmental-marketplace-advocacy-a-case-study-of-ges-ecomagination-campaign.

第六章

策法斯，陈先红，洪君如，等. 卓越传播：全球化时代如何管理战略传播和公共关系. 北京：中国传媒大学出版社，2021.

https://www.ig.com/sg/news-and-trade-ideas/top-10-biggest-corporate-scandals-and-how-they-affected-share-pr-181101.

https://hbr.org/2020/09/a-new-model-for-ethical-leadership.

https://hbr.org/2021/09/how-to-be-a-leader-who-stays-true-to-their-ethics-2.

https://www.icas.com/__data/assets/pdf_file/0011/564464/Personal-Responsibility-and-Ethical-Leadership_FINAL.pdf.

https://www.cityam.com/seven-golden-ethical-principles/.

https://corpgov.law.harvard.edu/2021/04/05/twenty-years-later-the-lasting-lessons-of-enron/https://www.investopedia.com/updates/enron-scandal-summary/.

https://time.com/6125253/enron-scandal-changed-american-business-forever/.

https://www.inc.com/marcel-schwantes/warren-buffett-says-you-can-ruin-yourlife-in-5-minutes-by-making-1-critical-mistake.html.

第七章

GREGORY A, WILLIS P.Strategic public relations leadership.New York: Routledge, 2013.

https://www.hrmagazine.co.uk/content/other/the-business-partner-model-10-years-on-lessons-learned.

https://www.cipd.asia/knowledge/factsheets/hr-business-partnering#gref.

https://www.fm-magazine.com/news/2015/oct/effective-business-partnering-201513120.html.

https://www.cipd.ie/Images/hrbp-2-0_tcm21-44040.pdf.

https://pracademy.co.uk/insights/business-partnering-more-than-a-job-title/.

https://www.aihr.com/blog/hr-business-partner/.

第八章

https://www.mckinsey.com/business-functions/people-and-organizational-performance/our-insights/communications-in-mergers-the-glue-that-holds-everything-together.

https://www.forbes.com/sites/forbescommunicationscouncil/2021/12/02/five-priorities-for-communicating-during-mergers-and-acquisitions/?sh=5e163aba26e8.

https://cuttingedgepr.com/good-communication-key-successful-mergers-acquisitions/.

https://blog.careerminds.com/ma-communication-plan.

https://www.mckinsey.de/~/media/McKinsey/Industries/Oil%20and%20Gas/Our%20Insights/Delivering%20a%20world%20class%20integration%20in%20oil%20and%20gas/Delivering-a-world-class-integration-in-oil-and-gas.pdf.

第九章

https://www.papirfly.com/knowledge-hub/corporate-comms/internal-communications.

https://www.whispir.com/en-sg/blog/the-benefits-of-effective-internal-communications/.

https://www.unily.com/insights/blogs/future-of-internal-communications-2021-6-key-takeaways.

https://www.vevox.com/blog/5-proven-content-marketing-tactics-to-steal-for-your-next-internal-comms-campaign.

https://www.brunswickgroup.com/review-article-10-i1837/.

https://www.spectrio.com/internal-communications/internal-communications-best-practices/.

https://www.poppulo.com/blog/9-tips-for-communicating-your-business-strategy.

https://blog.smarp.com/change-management-definition-best-practices-examples.

https://www.pmi.org/learning/library/organizational-change-management-projects-7457.

第十章

https://callhub.io/advocacy-campaigns-examples/.

https://www.retently.com/blog/advocacy-marketing/.

https://www.itagroup.com/insights/want-generate-brand-advocacy-these-brands-show-you-how.

https://www.brunswickgroup.com/lessons-from-the-campaign-trail-i2001/.

https://www.rngcoalition.com/thecoalitionforrng.

http://www.ascope.org/Projects/Detail/1063.

http://members.igu.org/old/history/previous-committees/copy_of_committees-12-15/task-forses-tfs/task-force-2.

https://www.ambassify.com/blog/five-inspiring-brand-advocacy-campaign-examples-you-can-learn-from-today.

https://smartairfilters.com/en/blog/25-most-polluted-cities-world-2021-rankings/.

第十一章

https://www.papirfly.com/knowledge-hub/corporate-comms/internal-communications.

https://www.whispir.com/en-sg/blog/the-benefits-of-effective-internal-communications/.

https://www.unily.com/insights/blogs/future-of-internal-communications-2021-6-key-takeaways.

https://www.vevox.com/blog/5-proven-content-marketing-tactics-to-steal-for-your-next-internal-comms-campaign.

https://www.brunswickgroup.com/review-article-10-i1837/.

https://www.spectrio.com/internal-communications/internal-communications-best-practices/.

https://www.poppulo.com/blog/9-tips-for-communicating-your-business-strategy.

https://blog.smarp.com/change-management-definition-best-practices-examples.

https://www.pmi.org/learning/library/organizational-change-management-projects-7457.

第十二章

PHILLIPS R.Trust me，PR is dead.London:Unbound,2016.

https://www.makethefuture.shell/en-gb/shell-eco-marathon.

https://www.zavy.co/blog/3-social-campaigns-that-nailed-csr-and-made-a-difference.

https://www.campaignasia.com/article/should-marketing-or-csr-own-the-purpose-agenda/469298.

https://www.conecomm.com/research-blog/2015-cone-communications-ebiquity-global-csr-study.

https://www.prezly.com/academy/10-examples-of-exemplary-csr-initiatives.

https://www.investopedia.com/terms/c/corp-social-responsibility.asp.

https://www.shell.com.cn/zh_cn/media/press-releases/2020-media-releases/2020-shell-sem-virtual-finale-successfully-held-in-china.html.

第十三章

https://www.forbes.com/sites/johnhall/2015/04/12/the-value-of-events-in-a-marketing-world/?sh=242a860d3d4c.

https://www.glueup.com/blog/brand-event-marketing.

https://exhibitus.com/understanding-value-conferences/.

https://www.cvent.com/en/blog/events/event-branding-guide-101.

https://www.bizzabo.com/blog/event-marketing-statistics.

https://www.expodisplayservice.com/10-ways-exhibitions-can-help-your-business-grow/.

https://www.marlerhaley.co.uk/tips-guides/marketing-tips/why-exhibit/.

https://www.emcadgifts.co.uk/blog/7-benefits-attending-exhibition/.

https://nimloktradeshowmarketing.com/top-7-reasons-to-exhibit-at-trade-shows/.

https://eventscase.com/blog/create-value-for-sponsors-exhibitors-in-events.

https://www.localist.com/post/industry-expert-roundup-why-are-events-important.

https://www.strategyand.pwc.com/cn/zh/reports/2018/building-a-world-class-mice-ecosystem-cn.pdf.

第十四章

https://www.forbes.com/sites/forbescoachescouncil/2021/07/13/15-effective-ways-to-improve-recruiting-and-find-good-talent/?sh=725a11aa2fe4.

https://www.forbes.com/sites/robertglazer/2017/12/19/why-hiring-for-experience-often-isnt-the-right-choice/?sh=40a96b8a4ed1.

https://worldofwork.io/2019/07/the-skill-will-matrix/.

第十五章

https://torch.io/blog/why-the-702010-learning-model-works-and-how-to-implement-it/.

https://702010institute.com/702010-model/.

第十六章

https://www.zendesk.com/blog/change-management-models/.

https://whatfix.com/blog/best-practices-change-management-communication/.

https://hbr.org/2005/10/the-hard-side-of-change-management.

https://www.strategy-business.com/article/rr00006.

https://www.mindtools.com/pages/article/newPPM_87.htm.

https://hbr.org/2014/01/what-vuca-really-means-for-you.

第十八章

https://www.mckinsey.com/business-functions/strategy-and-corporate-finance/our-insights/nine-scenarios-for-the-covid-19-economy.

https://www.mckinsey.com/featured-insights/diversity-and-inclusion/women-in-the-workplace.

https://www.oecd.org/coronavirus/policy-responses/tackling-the-mental-health-impact-of-the-covid-19-crisis-an-integrated-whole-of-society-response-0ccafa0b/.

https://sgp.fas.org/crs/row/R46270.pdf.

https://www.accenture.com/us-en/insights/consulting/coronavirus-supply-chain-disruption.

https://www.bbc.com/news/science-environment-56901261.

https://public.wmo.int/en/media/press-release/weather-related-disasters-increase-over-past-50-years-causing-more-damage-fewer.

https://www.cnbc.com/2021/11/08/cop26-charts-show-asia-pacifics-heavy-reliance-on-coal-for-energy.html.

https://unfccc.int/process-and-meetings/the-paris-agreement/the-paris-agreement.

https://www.bcg.com/publications/2020/leading-companies-in-a-contradictory-world.

https://www.mckinsey.com/featured-insights/sustainable-inclusive-growth/our-future-lives-and-livelihoods-sustainable-and-inclusive-and-growing142.

https://www.mckinsey.com/business-functions/risk-and-resilience/our-insights/from-risk-management-to-strategic-resilience?cid=other-eml-alt-mip-mck&hdpid=f2a61d0b-2370-4cf8-b051-73a3e257b5c8&hctky=13410546&hlkid=abd1357d63974fe79257131ac5a3cc25.

https://infokf.kornferry.com/rs/494-VUC-482/images/Korn-Ferry-Accelerating-through-the-turn.pdf.

https://www.kuppingercole.com/insights/business-resilience#:~:text=Principles%20of%20Business%20Resilience%20Management,risks%20that%20threaten%20an%20organization.

https://www.pwc.com/gx/en/issues/crisis-solutions/business-resilience.html.

https://hbr.org/2020/07/a-guide-to-building-a-more-resilient-business.

https://globescan.com/2021/02/09/analysis-larry-finks-annual-letter-ceos-2021/.

后　记

2021年底，中国人民大学出版社的曹沁颖女士在读了我离开壳牌前完成的26篇"壳"时光文章后，非常鼓励我把近30年的公关经验分享给更多的读者。曹女士在还花了不少时间了解公关方面的出版物，认为我的经历可以让年轻一代了解、学习和借鉴，也可供企业管理者参考。

我当时有些犹豫，一是当初的想法是对自己的职业生涯做个记录，二是不大喜欢说教式的传播（教科书除外）。我们多次沟通，讨论如何从读者的角度出发，让故事的呈现既有可读性，又有专业性，同时又不同于指南、手册或教科书。于是就有了现在的这些章节和呈现，在描述我的公关实践和经历的基础上，加入提纲挈领式的小结，并引入相关专业和职能的概念。

2022年初，我们达成出版方案。之后，历时近4个月，不断完善。每成一篇，曹女士都及时提出意见和建议，最终我在5月份交稿。之后的几个月，曹女士和编辑团队多次反馈，抑或澄清，抑或修改，就连参考资料也审得很仔细。我特别欣赏编辑的这种认真和严谨，这也是公关人的职业操守和素质之一。

在完成本书的过程中，我的人生下半场也渐渐有了轮廓。在

后 记

离开供职了 26 年多的壳牌之后,我给自己人生的下半场定了一个原则——"和有趣的人做有趣的事"。在众多的可能性中,世界能源理事会亚洲项目总监和美国智库世界大型企业联合会(The Conference Board)亚太区企业传播领导理事会总监的工作让我可以继续在能源和企业传播领域的实践和发展,同时还有时间做我喜欢做的其他事情,比如做职业发展教练、培训和义工,还可以和家人、朋友共度美好时光。在这期间《百年人生》一书给了我很多启示,人生不再是上学、上班、退休的"三点一线",而是由多个曲线阶段构成,重要的是在每个阶段有所学,有所为,有所不为,以开放的心态接受和享受当下,体验人生。我很幸运,有家人、朋友、同事等的支持和帮助,能走到今天,心存感恩。

  本书是偶成,也是必成,因为一个初念,因为家人、朋友的鼓励!

致　谢

　　难免会有读者认为这是礼节性的俗套，但它却是我的肺腑之言：

　　感谢家人——我的父母和兄弟姐妹让我遨游四方，我的先生和孩子让我能如此投入工作并陪伴在我的左右。

　　感谢我曾经所有的老板，你们的支持、鼓励和挑战让我不断成长。

　　感谢我的职业生涯中遍布全球的团队和同事，是你们让我成为更好的职业经理人和领导者。

　　感谢我的朋友们，你们或是同学、同事、同行，志同道合、趣味相投，在我人生的各个阶段同行与陪伴，丰富了我的人生之旅，但因人数众多而无法一一列出。

　　感谢我曾经的同事，范跃龙、赵振伟（Thio Chun Hui）、李振荣（Daniel Lee Zhen Rong）是本书的第一批读者和评论者，他们提出了很多中肯专业的意见。

　　感谢同行朋友和业界领袖的举荐，和他们相识和共事，是我在个人成长和职业发展中的荣幸。

再次感谢曹沁颖女士的专业指导和编辑团队的倾力相助，我们之间进行了多次"一切为了读者"的开诚布公的交流。

　　最后，感谢你购买本书，并阅读到最后一页！

　　成书的过程，也是我学习和反思的过程。今天回过头来看，还有不少可以提炼和改进的地方，也希望得到读者和同行的指教和反馈——学无止境！

图书在版编目（CIP）数据

公关生涯：从小白到国际公关人/刘小卫著. —北京：中国人民大学出版社，2023.2
ISBN 978-7-300-31141-8

Ⅰ.①公… Ⅱ.①刘 Ⅲ.①企业管理—公共关系学 Ⅳ.①F272.9

中国国家版本馆CIP数据核字（2022）第197179号

公关生涯
从小白到国际公关人
刘小卫　著
Gongguan Shengya

出版发行	中国人民大学出版社		
社　　址	北京中关村大街31号	邮政编码	100080
电　　话	010-62511242（总编室）		010-62511770（质管部）
	010-82501766（邮购部）		010-62514148（门市部）
	010-62515195（发行公司）		010-62515275（盗版举报）
网　　址	http://www.crup.com.cn		
经　　销	新华书店		
印　　刷	北京联兴盛业印刷股份有限公司		
规　　格	148 mm×210 mm　32开本	版　　次	2023年2月第1版
印　　张	9.375	印　　次	2023年2月第1次印刷
字　　数	201 000	定　　价	79.00元

版权所有　　侵权必究　　印装差错　　负责调换